O CONSELHO

O Conselho *é um texto notável, que oferece novas e práticas perspectivas bíblicas sobre governança. Recomendo que toda equipe de liderança e diretoria o leiam!*

Matt Bird, Fundador e CEO da Cinnamon Network International

Pergunte a uma pessoa comum, que conhece razoavelmente bem a Bíblia, se existe "uma perspectiva bíblica sobre a governança" e seus olhos provavelmente brilharão. Certamente, essa frase é um anacronismo. Seria se Hoag, Willmer e Henson alegassem que havia indicações detalhadas e prescritivas de como a igreja cristã e as administrações paraeclesiásticas deveriam se comportar. Mas este livro trata, ao invés disso, dos princípios gerais que grupos de liderança saudáveis, no Antigo e no Novo Testamento, seguiam bem, mesmo quando as culturas em que estavam inseridos não os seguiam. Os autores, então, dão diretrizes práticas e maravilhosas para organizações modernas, que são biblicamente fundamentadas, mas não são comumente implementadas. Este pequeno livro pode revolucionar as reuniões de diretoria de sua organização.

Craig L. Blomberg, Ph. D. Professor Titular Ilustre
de Novo Testamento, Seminário de Denver

O Conselho *é descomplicado, vai direto ao ponto e destaca paralelos desde o Êxodo, passando pelo Novo Testamento até a história da igreja. Aqui, para o século XXI, é um modelo revigorantemente claro, com mais de 3.000 anos de eficácia demonstrada por trás dele.*

Dave Carder, Pastor de Ministérios de Aconselhamento,
First Evangelical Free Church de Fullerton; Autor de Anatomy of an Affair;
Membro do Conselho de Administração, Marble Retreat

Existe uma verdade suja, podre e não tão secreta sobre as administrações em igrejas e organizações cristãs: um número vergonhosamente grande delas não funciona muito bem. De fato, o DNA de muitas administrações apresenta manipulação, coerção, poder excessivo e luta. Jesus disse a seus discípulos que no mundo as pessoas tenderão a "dominar" as outras pessoas. Mas então Ele diz: "não será assim entre vocês". É com esse espírito que Gary Hoag, Wes Willmer e Greg Henson escreveram este livro extraordinário, O Conselho.

Com clareza bíblica, O Conselho desafia práticas de governança que parecem ter sido padronizadas segundo o caminho desse mundo, em vez de seguir o Caminho de Jesus. Hoag, Willmer e Henson nos chamam de volta a uma forma de discernir e atender à voz do Espírito de Deus, onde eventualmente somos capazes de declarar com autenticidade: "Pareceu bom para o Espírito Santo e para nós". O Conselho é um grande presente para a Igreja. Não encontrei nada em publicações que chegue próximo a ele. Este é um livro importante e oportuno, que é leitura obrigatória para todas as administrações de igrejas e ministérios cristãos.

Kent Carlson, Vice-presidente de Formação de Liderança,
North American Baptists, Inc.

O Conselho é inigualável em integridade bíblica e aplicação teológica. É um recurso maravilhoso! Os membros de conselhos administrativos de todos os lugares deveriam usar este recurso para obter uma mentalidade bíblica, um modelo descritivo e um mapa prático para o serviço da administração. Pretendo compartilhá-lo amplamente nos EUA, na Coreia do Sul e em todo o mundo.

Sung Wook Chung, Doutor pela Oxford University, Professor de Teologia Cristã e Diretor de Iniciativas Asiáticas, Seminário de Denver; Presidente do Conselho de Administração, Kurios International

Este livro articula o que tem ruminado em meu coração sobre governança há mais de 25 anos! É uma "leitura obrigatória" para cada crente que serve em cargo de diretoria e um "recurso de acesso" para as cadeiras de diretoria e para aqueles que lideram o desenvolvimento da diretoria. Obrigada, senhores!

Holly Culhane, Fundadora/CEO, Presence Point, Inc.; Vice-Presidente do Conselho de Administração, Youth for Christ USA; Membro do Conselho e Presidente de Desenvolvimento do Conselho de Administração, Evangelical Christian Credit Union

Recorrendo a abordagens renovadas relacionadas à governança de entidades e organizações cristãs, O Conselho fornece conselhos bíblicos, baseados em ideias-chave da tradição, para oferecer novas orientações e princípios fiéis de acompanhamento nas igrejas, assim como em instituições e organizações relacionadas à igreja. Gary Hoag, Wes Willmer e Greg Henson devem ser parabenizados por ajudar os membros da diretoria, supervisores e administradores a pensarem mais intencionalmente, propositadamente e de forma cristã sobre esse importante trabalho. É um privilégio recomendar este livro, com a esperança de que ele nos ajude a todos enquanto procuramos administrar com sabedoria e governar fielmente as diversas instituições e entidades às quais servimos.

David S. Dockery, Ph. D., Presidente, Trinity International University / Trinity Evangelical Divinity School; Presidente, Evangelical Theological Society

Somos chamados a servir como mordomos responsáveis e administradores fiéis dos recursos de Deus a nós confiados. Aqueles que supervisionam o trabalho de Deus precisam de sabedoria e humildade para fazê-lo à maneira de Deus. Hoag, Willmer e Henson articulam claramente as ideias bíblicas que os supervisores precisam conhecer na obra O Conselho de uma maneira que seja compreensível e aplicável globalmente. Obrigado, queridos irmãos!

Angelito M. Gabriel, FICD, Fiduciário e Tesoureiro, Mission Aviation Fellowship Philippines; Diretor Executivo, Christian Council for Accountability and Transparency

O Conselho é muito relevante para qualquer ministério hoje em dia. Com muita frequência, desconsideramos textos bíblicos que são capazes de nos dar uma perspectiva de como administrar e governar como fiéis mordomos na missão de Deus. Recomendo enfaticamente este livro aos membros de conselhos administrativos e gestores de ministério que desejam aprender mais sobre como Deus quer que estabeleçamos melhores práticas de governança. Deve ser uma leitura exigida de qualquer novo membro da diretoria. Obrigada por colocar este recurso nas mãos da Igreja!

Nydia R. Garcia-Schmidt, Aliança Global Wycliffe, Diretora da Área das Américas; Membro do Conselho de Administração, Barnabas International

Gostei muito de ler este livro porque pude me identificar com a desconexão entre a prática e as Escrituras, que encontrei em mais de 25 anos de gestão em organizações e igrejas cristãs. As ferramentas práticas recomendadas são uma busca profunda da alma e são pedras preciosas para o discipulado organizacional. Recomendo muito este livro para que possamos "Caminhar a Palavra" na governança.

Valentine Gitoho, Presidente, African Council for Accreditation and Accountability

Como cristão membro de conselho administrativo sem fins lucrativos e mordomo, celebro este livro! Impressionante! Em cerca de apenas 100 páginas, encontrei respostas que anseio após 25 anos de serviço em conselhos administrativos sem fins lucrativos americanos e latinos. Na Guatemala e em toda a América Latina, a maior parte do treinamento para conselhos de administração vem apenas do mundo dos negócios, que normalmente se concentra em torno de dinheiro, orgulho, controle e status. Este livro abre nossos olhos e nos prepara para exercer governança de uma forma cristã.

Edgar Güitz, Presidente e fundador, Generation to Generation Network (G2G)

Que inspirador ler este estudo bíblico profundo e enriquecedor sobre governança. Juntos, como membros cristãos da diretoria, aprendemos com as Escrituras como deixar o Espírito Santo nos conduzir, para que trabalhemos em uníssono. Não somos os donos da obra de Deus, mas mordomos que agora entendem seu papel como supervisores.

Gladys Acuña Güitz, Membro do Conselho de Administração, Asociación Casa Del Alfarero, Guatemala

Com a abundância de livros sobre governança, nenhum deles está tão profundamente enraizado no projeto de Deus para a supervisão quanto O Conselho. Este livro é para qualquer pessoa que busque diligentemente administrar organizações sem fins lucrativos com uma excelência que honre a Deus. Fornece a estrutura bíblica definitiva para os leitores que estão comprometidos de todo o coração em seguir a agenda do caminho do Reino para suas organizações.

Tami Heim, Presidente e CEO, Christian Leadership Alliance

Por meio deste livro, Gary, Wes e Greg deram uma contribuição significativa para a literatura sobre governança cristã. Ele transita perfeitamente da exegese acadêmica para temas bíblicos, conselhos práticos e descrições do porquê e de como o governo cristão deve ser diferente do governo secular. Para muitos conselhos administrativos e conselhos da igreja, este livro será a mudança de paradigma que necessitam para revitalizar sua supervisão.

Steve Kerr, Diretor Executivo, CMA Standards Council; Membro do
Conselho, Overseas Council Australia

Tenho esperado por um livro como O Conselho *há mais de vinte anos. Felizmente, Hoag, Willmer e Henson fizeram minha espera valer a pena. Todos os três homens são estudiosos e praticantes em suas diversas áreas. Também são homens de igreja, que conhecem a governança. O Conselho está repleto de percepções exegéticas, históricas e pastorais. Aplique a sabedoria deste livro e sua diretoria e equipes administrativas lhe agradecerão, e nunca mais serão os mesmos.*

Keith R. Krell, Ph. D., Pastor Sênior e Elder Chair,
Fourth Memorial Church, Spokane, WA

Com um uso criativo dos conselhos da Bíblia e da Igreja como exemplo, este livro dá orientação espiritual aplicável a todos os conselhos. Estabelece limites espirituais claros para ajudar os conselhos a governarem mais efetivamente. Recomendo profundamente este livro a todos.

P. K. D. Lee, Membro da Diretoria, Powerhouse Church,
Tambaram, Índia; Membro do Comitê Executivo da Rede
de Captação de Recursos de Lausanne

O Conselho oferece uma visão vital do que a Bíblia diz sobre a governança. Este texto pesquisa e destaca os imperativos das características de governança bíblica, ao mesmo tempo em que mostra cuidadosamente as armadilhas e ciladas a serem evitadas. Obrigado a Gary, Wesley e Gregory por esta importante ferramenta.

Jame Lewis, Llb B. Comm., Presidente, Eastern College Australia; Membro do Conselho, Christian Ministry Advancement and Hillcrest Christian College; Advogado de Honra, Baptist Union of Victoria

O Conselho é um guia inspirador, com grandes desafios para aqueles que servem no ministério da governança. É bom entender que governança é uma vocação abençoada e inspirada por Deus e é essencial que primeiro levemos a Palavra de Deus à mesa, convidando o Espírito Santo a falar em nossas reuniões através das Escrituras, do permanecer em silêncio, do compartilhamento e da súplica.

René E. Palacio, Diretor Internacional de Governança, SIM

A governança é um assunto complexo e, em geral, não há muito material disponível sobre esse tema. Conectar a governança ao modelo bíblico requer uma compreensão profunda da Palavra de Deus e um vislumbre do coração de Deus. Gary G. Hoag, Wesley K. Willmer e Gregory J. Henson são os autores do livro O Conselho, que capta muito bem a questão da governança para o contexto cristão. Ao longo do livro, explicam os quatro sinais de alerta para a governança e o que fazer para superá-los. É um esforço altamente louvável e um livro "obrigatório" para as pessoas encarregadas da governança.

Sanjay Patra, FCA, Ph. D., Diretor Executivo, Financial Management Service Foundation; Presidente do Conselho, Evangelical Financial Accountability Council, Nova Deli, Índia.

Obrigado aos autores por esse lembrete atemporal das verdades bíblicas sobre o que constitui a boa governança. O livro fornece não apenas dicas úteis sobre como as administrações podem melhorar seu alinhamento com a vontade de Deus, como também advertências sobre algumas tentações que podem desviar as administrações da maneira como Deus quer que apliquemos os princípios de governança.

John Peberdy, Presidente, Christian Ministry Advancement (CMA), Austrália

Boa governança é um elemento crítico de desempenho, impacto e saúde em qualquer organização. Requer uma forte mistura de profissionalismo da mente e de paixão do coração, profundamente fundamentada na oração e no discernimento. No contexto atual, é mais importante do que nunca que os diretores estejam bem equipados com as capacidades e percepções para governar bem. Este livro é um recurso oportuno e valioso, oferecendo sabedoria e uma perspectiva sobre o que a Bíblia diz sobre governança (que na verdade é bastante!). Recomendo-o veementemente a qualquer diretoria atual ou aspirantes a diretores.

Ross Piper, CEO, Christian Super; Membro do Conselho, Brightlight Impact Advisory and Investment Management; Responsible Impact Association of Australia; Membro do Conselho, SEED

Importante, intencional, estratégico e transformador! Este inspirador e estimulante tratado reformula biblicamente muitas práticas contemporâneas de governança cristã. Seu conselho administrativo ou comitê gerencial exibe as características materializadas nas 20 perguntas difíceis do capítulo 7? Se você serve na governança, você definitivamente precisa deste livro!

Allan Priest, Diretor e Vice-presidente tanto da Baptist Financial Services Australia Ltd como da Baptist Care (South Australia) Foundation Nominees Pty Ltd como fiduciário da Baptist Care (South Australia) Foundation; Ex-Presidente, Igrejas Batistas do Sul da Austrália; Ex-Presidente, Baptist Care (South Australia) e Rostrevor Baptist Church

Poucos livros oferecem uma estrutura bíblica para a governança. Os autores conseguiram desenvolver um esquema bíblico simples, que informa o funcionamento de um conselho. É um livro prático, que muitos considerarão útil enquanto procuram servir a Deus na direção de organizações cristãs sem fins lucrativos.

Dr. R. J. Rawson OAM, Presidente, Power to Change (Cru Australia) e
Global Aid Network (Austrália); Membro do Conselho, Christian Ministry
Advancement (CMA), Austrália; Ex-CEO, Scripture Union Queensland

A ideia de ler um livro sobre governança me assustou. Tantas equipes de liderança caíram na dependência de suas próprias habilidades. Mas depois de ler O Conselho, *eu não poderia ter ficado mais surpreso. Este é um livro que todas as equipes de liderança precisam ler, a fim de manterem o compasso com o Espírito e começarem a discernir para onde Deus está levando Seu povo a se unir a Ele em missão. Não só darei cópias para minha própria equipe de líderes, como também recomendarei este livro em cada uma de minhas aulas no seminário, por meio da Rede Internacional Forja, e a todas as igrejas em minha denominação.*

Dr. Cameron Roxburgh, VP de Missional Initiatives,
North American Baptists, Inc.; Diretor Nacional, Forge Canada;
Pastor Sênior, Southside Community Church

O Conselho *oferece mais do que apenas uma exegese prática de textos bíblicos. Proporciona um novo conjunto de lentes através das quais seu coração e sua mente podem avaliar seu próprio desempenho. Espero que este livro inspire nova vida e compreensão às futuras expressões de governança cristã.*

Barbara Shantz, Co-líder, Rede de Captação de Recursos do Ministério Lausanne

O Conselho *traz à vida imagens de discernimento bíblico e tomada de decisões. Os autores não propõem uma solução rápida em três passos, mas pedem ao leitor que lute com o texto e aplique uma perspectiva bíblica ao seu contexto organizacional local. Este livro é uma lufada de ar fresco em um campo tão frequentemente dominado pela teoria da administração disfarçada de governo cristão.*

Stephen Smith, Diretor e Professor Associado,
The Australian College of Ministries

Gary Hoag, como sempre, me dá conselhos mais profundos e melhores do que eu pensaria em pedir. Com a ajuda de Wesley Willmer e Gregory Henson, eles me desafiam a examinar as características basilares de uma junta administrativa piedosa – uma junta cujas decisões são tomadas não a partir de grades humanas, mas de uma grade bíblica. Como em O Semeador *e* A Escolha *(Publicações Pão Diário, 2022), o leitor recebe ferramentas de avaliação através da lente do caminho do Reino, e não de um caminho comum. Obrigado, ECFA Press, por essa joia para a governança.*

Bob Snyder, M.D., Presidente e Membro do Conselho, IHS Global

O Conselho *é um excelente guia para abordar a governança a partir de uma perspectiva cristã, misturando a análise bíblica com conselhos práticos. Fui inspirado a repensar a governança desde a base, em vez de tentar ajustar os princípios de governança secular existentes.*

Raewyn Williams, Presidente da Conferência,
Churches of Christ NSW, Austrália

É muito raro haver um livro oportuno e atemporal, mas O Conselho *avança para este território incomum. Usando a história bíblica, juntamente com percepções transparentes e práticas, o texto informa e inspira aqueles que desejam sabiamente assumir uma missão piedosa. Prepare-se para ser movido. Prepare-se para ser desafiado. Eu fui.*

Dan Wolgemuth, Presidente/CEO, Youth for Christ

O CONSELHO

Publicações
Pão Diário

O CONSELHO

*Uma perspectiva bíblica
sobre a Governança*

**Gary G. Hoag, Wesley K. Willmer
e Gregory J. Henson**

Originally published in English under the title
The Council: A Biblical Perspective on Board Governance,
by Gary G. Hoag, Wesley K. Willmer and Gregory J. Henson
Copyright © 2018 ECFAPress
440 West Jubal Early Drive, Suite 100, Winchester, VA 22601 (ECFA.org).
All rights reserved.

Coordenação editorial: Adolfo A. Hickmann
Tradução: Raquel Villela Alves
Revisão: Adolfo A. Hickmann
Projeto gráfico: Audrey Novac Ribeiro
Diagramação: Rebeka Werner
Capa: *Terraço do Café à Noite*, Vincent Van Gogh

Dados Internacionais de Catalogação na Publicação (CIP)

HOAG, Gary G., WILLMER, Wesley K. e HENSON, Gregory J.

O Conselho — Uma perspectiva bíblica sobre a Governança
Tradução: Raquel Villela Alves — Curitiba/PR, Publicações Pão Diário
Título original: *The Council: A Biblical Perspective on Board Governance*
1. Vida cristã   2. Governança   3. Teologia prática   4. Ministério cristão

---

Proibida a reprodução total ou parcial sem prévia autorização por escrito da editora. Todos os direitos reservados e protegidos pela Lei 9.610, de 19/02/1998.
Permissão para reprodução: permissao@paodiario.org

Exceto quando indicado no texto, os trechos bíblicos mencionados são da edição Nova Versão Internacional (NVI) © 2011 Sociedade Bíblica Internacional.

Publicações Pão Diário
Caixa Postal 4190
82501-970 Curitiba/PR, Brasil
publicacoes@paodiario.org
www.publicacoespaodiario.com.br
Telefone: (41) 3257-4028

Código: CX334
ISBN: 978-65-5350-098-3

1.ª edição: 2022
Impresso no Brasil

Índice

Preâmbulo	23
Prefácio	27
Introdução	31
Capítulo 1 — *O Conselho de Moisés*	33
Capítulo 2 — *O Conselho judaico no Primeiro Século*	49
Capítulo 3 — *Os Conselhos gentios do Mundo Romano*	61
Capítulo 4 — *O Conselho de Jerusalém em Atos dos Apóstolos*	73
Capítulo 5 — *Mentalidade: uma estrutura bíblica para a Governança de Conselhos*	89
Capítulo 6 — *Modelo: manutenção de mentalidade bíblica na Governança do Conselho*	113
Capítulo 7 — *Mapa: volte para Arles e faça perguntas difíceis*	125
Guia de estudos	133
Notas finais	145

Preâmbulo

Aonde posso ir para obter conselhos bíblicos sobre governança? Essa pergunta, muitas vezes formulada, tem intrigado membros de conselhos administrativos por décadas. *O Conselho* responde a essa pergunta, começando com as Escrituras e terminando com as Escrituras.

Graças ao mergulho profundo que Hoag, Willmer e Henson fazem nas Escrituras, a pergunta foi agora mais completamente respondida do que nunca. Essa é uma afirmação forte, mas estou convencido de que é verdade. Os autores levam o leitor a uma viagem de volta pelas páginas do tempo, entrando diretamente no registro bíblico de quatro conselhos-chave que agora são exemplos duradouros para nós – em alguns casos nos dando um modelo a ser imitado, e em outros oferecendo uma lição de armadilhas a serem evitadas. A segunda metade do livro reúne as percepções dos textos bíblicos em aplicações práticas e factíveis para refinar nosso pensamento e definir nossos passos.

Este livro é notável por cinco razões que raramente se aplicam a um livro:

1. **Universal.** Este livro é aplicável a um amplo espectro de organizações. É relevante para igrejas cristocêntricas e outros ministérios sem fins lucrativos. Contém verdades

essenciais relativas a organizações tanto grandes como pequenas. O Conselho se aplica universalmente em todas as linhas denominacionais e é apropriado para igrejas, sejam elas de denominações ou independentes. O livro tem aplicação universal, independentemente do país ou localidade. Como a governança é uma das três prioridades do ECFAPress, juntamente com uma administração fiel das finanças e desenvolvimento de recursos, estamos entusiasmados em publicar pelo ECFAPress este livro de aplicação universal.

2. **Transformador.** Os princípios materializados em *O Conselho* têm o potencial de mudar as práticas de governança e os resultados para todas as igrejas cristocêntricas e ministérios sem fins lucrativos. Cada conselho administrativo pode refinar suas operações, mesmo que seja saudável. *O Conselho* tem potencial de melhorar a trajetória de cada junta diretiva.

3. **Atemporal.** *O Conselho* é um texto baseado em princípios que se aplicarão tanto no futuro como no presente. Somos lembrados da parábola dos prudentes e insensatos construtores no capítulo 7 de Mateus. Jesus ensinou aos discípulos através desta parábola, dizendo: "Quem ouve estas minhas palavras e as pratica é como um homem prudente que construiu a sua casa sobre a rocha". Os autores de *O Conselho* construíram sabiamente este estudo relativo à governança bíblica sobre uma base sólida de verdade bíblica, que é imutável, independentemente da cultura ou das circunstâncias. Depois de ler este livro, você será atraído de volta a ele repetidas vezes quando desejar reavivar sua mentalidade bíblica sobre governança.

4. **Prático.** As vinte perguntas do capítulo 7 fornecem um excelente roteiro para que as administrações implementem os princípios do livro. Em acréscimo, o guia de estudo foi elaborado para ajudar os supervisores a aprofundarem seus conhecimentos bíblicos e sua perspectiva sobre governança.

5. **Inspirador.** Outros autores também recomendaram oração, leitura das Escrituras durante as reuniões de diretoria, dedicação de tempo para o silêncio e abertura a todos os membros da diretoria para que compartilhem seus pensamentos. Mas *O Conselho* é inequivocamente claro ao apresentar as razões bíblicas para se engajar nessas práticas e as apresenta de forma revigorante e inspiradora.

Ao ler *O Conselho*, o Espírito Santo agitou minha alma e me deu uma visão de como este livro vai inspirar as administrações das igrejas e ministérios cristocêntricos a melhorarem a mentalidade bíblica para seu trabalho de governança. Pai, que assim seja!

"Portanto, quem ouve estas minhas palavras e as pratica é como um homem prudente que construiu a sua casa sobre a rocha" (MATEUS 7:24).

Dan Busby
Presidente — ECFA

Prefácio

Pareceu bem ao Espírito Santo e a nós...
(ATOS 15:28)

Penso que o resgate dessas palavras de Atos 15:28 é minha parte favorita deste livro! É um lembrete salutar de que, quando nos reunimos como cristãos, nossa principal preocupação deve ser buscar a vontade de Deus.

Essa ênfase me fez lembrar de uma reunião da qual participei há cerca de duas décadas. Já participei de muitas reuniões desde então, mas alguma coisa nessa reunião ficou na minha mente. Era uma força-tarefa para um novo empreendimento, e um dos participantes sugeriu que dedicássemos parte do nosso tempo juntos à oração. O coordenador respondeu que deveríamos orar individualmente em casa e que (além de abrir e fechar em oração) estávamos reunidos para discutir. A inferência foi que não queríamos perder nosso tempo juntos orando. Então não o fizemos. Mas certamente perdemos uma oportunidade, e não acho que nossa experiência seja única. Como as coisas seriam diferentes se entendêssemos que a busca corporativa de Deus é central para nosso propósito, em vez de uma distração da atividade principal. O hino "Oh, que Amigo em Cristo Temos", diz em parte:

Oh! Que paz perdemos sempre,
Oh! Que dor de coração!
Só porque não recorremos
Ao bom Deus em oração!

Quantas reuniões fúteis de diretoria tem havido, quantas discussões sem objetivo, quantas disputas inúteis, tudo porque cada um fala por sua própria e limitada imaginação em vez de acessar a sabedoria de Cristo! A sabedoria divina frequentemente envolve enxergar um terceiro caminho entre duas opções concorrentes, como demonstra o famoso veredito de Salomão sobre as duas mulheres. Essa é a sabedoria que Deus promete àqueles que pedem – uma promessa que valorizo ainda mais a cada ano que passa.

Com certeza, isto significa que, ao nomear membros do conselho, precisamos considerar não apenas sua experiência técnica, mas também sua maturidade espiritual – que sabem o que significa buscar a Deus. Por vezes, pessoas que foram muito bem-sucedidas em negócios seculares podem ser um bem maravilhoso para os conselhos administrativos cristãos. Mas, às vezes, elas adotam a definição mundial de sucesso sem questionar e, confiantes em sua própria capacidade, não veem necessidade de confiar em Deus. A admoestação de Paulo para não se conformar com o padrão desse mundo, mas sim ser transformado pela renovação de nossas mentes, é um desafio constante para todos nós.

Ao nos levarem de volta às fontes das Escrituras e à igreja primitiva, Gary, Wesley e Gregory deram uma importante e bem-vinda contribuição à governança cristã. Se levarmos a sério o que eles dizem, evitaremos tornar-nos guias cegos que aderem a procedimentos e estruturas, mas negligenciam as questões mais substanciais de justiça, misericórdia e fé.

Edwina Murphy, Ph. D.
Morling College, Sydney, Austrália

Introdução

O que a Bíblia diz sobre governança de conselhos administrativos?

Entre as respostas comuns, algumas pessoas exclamam com mais do que uma pitada de frustração: "Não o suficiente". Algumas pessoas citam passagens em Provérbios, que oferecem uma sabedoria atemporal. Outros mencionam textos do Novo Testamento, nos quais o apóstolo Paulo estabelece qualificações de caráter para os supervisores.

Muitos respondem à pergunta com mais perguntas, dizendo: "Que tipo de conselho? Você está se referindo a um conselho da igreja, um conselho de ministério cristão, um conselho secular sem fins lucrativos, um conselho corporativo, um conselho municipal ou governamental, ou algum outro conselho?"

Isso deveria importar? Pense sobre isso. Se somos seguidores de Jesus Cristo, nossa abordagem de governança no conselho do condomínio, na qual mostramos nosso amor pelo próximo, deve ser diferente quando comparada ao nosso serviço em um conselho de missões cristocêntricas de resgate ou mesmo em um conselho da igreja local? É claro que leis e estatutos governamentais têm requisitos legais diferentes para esses vários conselhos, mas não é esse o tópico em vista nem aquilo de que este livro trata.

Escrevemos este livro para responder à pergunta: "O que a Bíblia diz sobre governança de conselhos administrativos?", porque acreditamos que os seguidores de Jesus Cristo que servem em ambientes de governança de conselhos devem começar com as Escrituras. Devemos entender e adotar uma mentalidade bíblica que posicione nossa fé cristã para informar e transformar nosso pensamento sobre supervisão, assim como ela molda todos os outros aspectos da vida.

Consequentemente, pesquisamos as Escrituras e estudamos os órgãos de governo ou "conselhos", que aparecem no registro bíblico. Encontramos quatro deles. Nossa análise dos quatro conselhos aparece nos primeiros quatro capítulos. Curiosamente, os quatro conselhos oferecem uma percepção aguçada sobre como pensar sobre governança e como não pensar sobre ela. Na sequência, os três últimos capítulos apresentam a mentalidade ou estrutura bíblica que está sendo vista, um modelo de disciplinas espirituais para manter a mentalidade bíblica, e um mapa que sugere um sólido ponto de partida e perguntas difíceis para ajudar os leitores a encontrarem seu caminho.

Oramos para que a perspectiva atemporal, transcultural e bíblica apresentada neste livro transforme seu pensamento sobre a governança de conselhos administrativos e impacte a trajetória de cada conselho no qual você serve, para a glória de Deus.

"Pareceu bem ao Espírito Santo e a nós não impor a vocês nada além das seguintes exigências necessárias" (ATOS 15:28).

Gary G. Hoag, Ph. D.
Wesley K. Willmer, Ph. D.
Gregory J. Henson, M. B. A.

Capítulo 1

O Conselho de Moisés

A tarefa das autoridades será ajudar na administração da imensa população, em suas diversas necessidades, especialmente no contexto da crescente impiedade do povo.[1]

RONALD B. ALLEN

A designação de autoridades para governar as pessoas remonta às porções mais antigas das Escrituras. De modo geral, a energia de tais grupos na antiguidade estava focada na supervisão das comunidades. Em termos claros, as pessoas se comportavam mal e os conselhos as ajudavam a manter a ordem e a resolver disputas.

Este capítulo analisa o primeiro conselho no registro bíblico, o Conselho de Moisés. Em Números 11 encontramos um paradigma estrutural para pensar biblicamente sobre governança. Essa análise não visa revelar os aspectos práticos da supervisão e sim a mentalidade e a postura que Deus deseja para os supervisores.

Números 11 – A formação do Conselho

Cerca de setenta autoridades estão para receber um pouco do espírito de Moisés e, assim, ser habilitadas para compartilharem os fardos com ele. Como seus encargos administrativos já eram compartilhados com outros, essas autoridades devem ter sido pensadas para dar a ele apoio espiritual.[2] GORDON WENHAM

Três dias após Deus ter libertado milagrosamente Seu povo do Faraó através do Mar Vermelho, eles reclamaram com Moisés sobre a falta de comida e água. Em resposta, Deus providenciou fielmente para eles (CF. ÊXODO 15:22-27).

Um ano depois e com apenas três dias de marcha para a Terra Prometida, o povo de Deus reclamou novamente com Moisés. Entendamos a magnitude da murmuração: o povo era constituído por 600.000 homens, mais mulheres e crianças; portanto este não era um grupo pequeno de pessimistas.

Este breve esboço histórico prepara o cenário para a leitura de Números 11. Nesse texto, encontramos a formação do Conselho de Moisés e percepções bíblicas específicas relacionadas à governança.

Aconteceu que o povo começou a queixar-se das suas dificuldades aos ouvidos do SENHOR. Quando ele os ouviu, a sua ira acendeu-se e fogo da parte do Senhor queimou entre eles e consumiu algumas extremidades do acampamento. Então o povo clamou a Moisés, este orou ao SENHOR, e o fogo extinguiu-se. Por isso aquele lugar foi chamado Taberá, porque o fogo da parte do SENHOR *queimou entre eles.*

Um bando de estrangeiros que havia no meio deles encheu-se de gula, e até os próprios israelitas tornaram a queixar-se, e diziam: "Ah, se tivéssemos carne para comer! Nós nos lembramos dos peixes que comíamos de graça no Egito, e também dos pepinos, das melancias, dos alhos porós, das cebolas e dos alhos. Mas agora perdemos o apetite; nunca vemos nada, a não ser este maná!"

O maná era como semente de coentro e tinha aparência de resina. O povo saía recolhendo o maná nas redondezas, e o moía num moinho manual ou socava-o num pilão; depois cozinhava o maná e com ele fazia bolos. Tinha gosto de bolo amassado com azeite de oliva. Quando o orvalho caía sobre o acampamento à noite, também caía o maná.

Moisés ouviu gente de todas as famílias se queixando, cada uma à entrada de sua tenda. Então acendeu-se a ira do SENHOR, *e isso pareceu mal a Moisés. E ele perguntou ao* SENHOR: *"Por que trouxeste este mal sobre o teu servo? Foi por não te agradares de mim, que colocaste sobre os meus ombros a responsabilidade de todo esse povo? Por acaso fui eu quem o concebeu? Fui eu quem o trouxe à luz? Por que me pedes para carregá-lo nos braços, como uma ama carrega um recém-nascido, a levá-lo à terra que prometeste sob juramento aos seus antepassados? Onde conseguirei carne para todo esse povo? Eles ficam se queixando contra mim, dizendo: 'Dê-nos carne para comer!'*

Não posso levar todo esse povo sozinho; essa responsabilidade é grande demais para mim. Se é assim que vais me tratar, mata-me agora mesmo; se te agradas de mim, não me deixes ver a minha própria ruína".

E o SENHOR disse a Moisés: "Reúna setenta autoridades de Israel, que você sabe que são líderes e supervisores entre o povo. Leve-os à Tenda do Encontro, para que estejam ali com você. Eu descerei e falarei com você; e tirarei do Espírito que está sobre você e o porei sobre eles. Eles o ajudarão na árdua responsabilidade de conduzir o povo, de modo que você não tenha que assumir tudo sozinho.

"Diga ao povo: Consagrem-se para amanhã, pois vocês comerão carne. O Senhor os ouviu quando se queixaram a ele, dizendo: 'Ah, se tivéssemos carne para comer! Estávamos melhor no Egito!' Agora o SENHOR lhes dará carne, e vocês a comerão. Vocês não comerão carne apenas um dia, ou dois, ou cinco, ou dez ou vinte, mas um mês inteiro, até que lhes saia carne pelo nariz e vocês tenham nojo dela, porque rejeitaram o SENHOR, que está no meio de vocês, e se queixaram a ele, dizendo: 'Por que saímos do Egito?'"

Disse, porém, Moisés: "Aqui estou eu no meio de seiscentos mil homens de pé, e dizes: 'Darei a eles carne para comerem durante um mês inteiro!' Será que haveria o suficiente para eles se todos os rebanhos fossem abatidos? Será que haveria o suficiente para eles se todos os peixes do mar fossem apanhados?"

O S̲e̲n̲h̲o̲r̲ respondeu a Moisés: "Estará limitado o poder do Senhor? Agora você verá se a minha palavra se cumprirá ou não".

Então Moisés saiu e contou ao povo o que o S̲e̲n̲h̲o̲r̲ tinha dito. Reuniu setenta autoridades dentre eles e os dispôs ao redor da Tenda. O S̲e̲n̲h̲o̲r̲ desceu na nuvem e lhe falou, e tirou do Espírito que estava sobre ele e o pôs sobre as setenta autoridades. Quando o Espírito veio sobre eles, profetizaram, mas depois nunca mais tornaram a fazê-lo.

Entretanto, dois homens, chamados Eldade e Medade, tinham ficado no acampamento. Ambos estavam na lista das autoridades, mas não tinham ido para a Tenda. O Espírito também veio sobre eles, e profetizaram no acampamento. Então, certo jovem correu e contou a Moisés: "Eldade e Medade estão profetizando no acampamento".

Josué, filho de Num, que desde jovem era auxiliar de Moisés, interferiu e disse: "Moisés, meu senhor, proíba-os!"

Mas Moisés respondeu: "Você está com ciúmes por mim? Quem dera todo o povo do Senhor fosse profeta e que o S̲e̲n̲h̲o̲r̲ pusesse o seu Espírito sobre eles!" Então Moisés e as autoridades de Israel voltaram para o acampamento.

Depois disso, veio um vento da parte do S̲e̲n̲h̲o̲r̲ que trouxe codornizes do mar e as fez cair por todo o acampamento, a uma altura de noventa centímetros, espalhando-as em todas as direções até num raio de uma caminhada de um dia. Durante todo aquele dia e aquela noite e durante todo o dia seguinte, o povo saiu e recolheu codornizes. Ninguém recolheu menos de dez barris. Então eles as estenderam para secar ao redor de todo o acampamento. Mas, enquanto a carne ainda estava entre os seus dentes e antes que a ingerissem, a ira do Senhor *acendeu-se contra o povo, e ele o feriu com uma praga terrível. Por isso o lugar foi chamado Quibrote-Hataavá, porque ali foram enterrados os que tinham sido dominados pela gula.*

De Quibrote-Hataavá o povo partiu para Hazerote, e lá ficou (NÚMEROS 11:1-35).

O povo de Deus estava cansado de comer maná. Ansiavam pela variedade de alimentos que apreciavam no Egito (NÚMEROS 11:1-9). Moisés, cansado de suas reclamações, derramou o coração ao Senhor em angústia (NÚMEROS 11:10-15). Do seu ponto de vista, a necessidade era maior que todos os seus rebanhos, assim como a totalidade de peixes do mar. Desiludido com a situação, Moisés estava pronto para jogar a toalha. Queria desistir!

Você já passou por isso? A maioria dos pastores e administradores de ministério pode identificar-se com a profundidade de sua angústia. É aquele sentimento de frustração quando parece que todos murmuram enquanto a ordem se desfaz ao seu redor.

O Senhor respondeu à situação com instruções para Moisés nomear um conselho e se preparar para muita carne (NÚMEROS 11:16-17). Embora muitas traduções descrevam os candidatos à supervisão como "líderes e supervisores", talvez uma definição mais clara para esse grupo venha através da interpretação da Bíblia Tradução Brasileira: "anciãos do povo, e seus oficiais".

Esses termos implicam que Moisés deve localizar setenta servos que sejam "autoridades" experientes, o que aponta para experiência e maturidade, juntamente com "oficiais" que podem ser mais jovens, mas que exibem habilidade comprovada e dom para administrar. Esses "anciãos do povo, e seus oficiais" não *devem se ver* como líderes *per se*; em vez disso, administram os assuntos e ajudam o povo a seguir a Deus como seu Líder[3].

Os setenta iriam reunir-se na tenda do encontro, que era o local onde o Senhor se encontrava com Moisés. O trabalho deles era ficar de pé e ouvir com Moisés. Estar diante de Deus reconhece a ordenança de Deus e retrata uma postura de serviço para compartilhar o fardo do povo, e o local para sua posição inferiu que a capacidade de executar esse serviço viria do Senhor. Adicionalmente, cada autoridade receberia o poder do Espírito e profetizaria como um sinal da delegação de poder.

Antes de Moisés partir para formar o conselho, o Senhor o alertou que viria tanta carne no dia seguinte que as pessoas a comeriam por um mês (NÚMEROS 11:18-23). Moisés não podia sequer sonhar com tanta carne após um ano de uma dieta constante de maná, maná e mais maná. Eles ficariam doentes!

Soa familiar? Em vez de julgar esses murmuradores, a maioria de nós pode identificar-se com essa situação em nossos ambientes contemporâneos. Nós nos lembramos dos tempos em que um corpo administrativo escolheu um caminho diferente daquele de dependência de Deus. Recordamos dessas situações de forma viva por causa das terríveis consequências que delas resultaram!

De volta à narrativa, duas autoridades, Eldade e Medade, tinham sido desonestos (NÚMEROS 11:24-30). Não estavam profetizando na tenda do encontro como instruído, mas fora do acampamento. Moisés soube disso por seu auxiliar de confiança, Josué, e evitou de forma intensa um possível conflito no acampamento, dizendo que desejava que todo o povo de Deus tivesse o Espírito sobre eles.

Você desejaria pensar tão rápida e profundamente? Josué viu a situação como um problema. Moisés a viu como uma oportunidade de proclamar sua esperança de ver o Espírito trabalhando na vida de todo o povo de Deus! Certamente, parece que Eldade e Medade não tinham seguido a comissão específica do Senhor para estar com o servo de Deus na tenda do encontro. A resposta de Moisés, entretanto, inspira futuros servos como nós a não reagir negativamente ao comportamento inesperado das autoridades, mas a responder de forma a celebrar a direção que discernimos para que o Senhor esteja movendo Seu povo.

Voltando à história, a situação se desenrolou exatamente como o Senhor havia dito. A carne chegou sob a forma de codornizes numa altura de noventa centímetros. Como o Senhor havia dito, uma praga se espalhou entre o povo. Muitos morreram. Depois de enterrar o povo, eles deram nome ao lugar para lembrá-los do que aconteceu lá (NÚMEROS 11:31-35). Essa era uma prática comum na antiguidade para garantir que as pessoas se lembrassem das lições aprendidas em determinados locais.

Ao incluir esse relato no quarto livro da Lei, Moisés transmitiu a lição a todo o povo de Deus depois dele. Revela o coração de Deus na supervisão e nos ajuda a formar um paradigma de governança com quatro características distintas.

Quatro características do Conselho de Moisés

Embora muitas percepções venham à tona ao examinar o Conselho de Moisés, quatro características emergem como significativas na descrição de como o conselho deve abordar a supervisão do povo de Deus. Esta seção resume os quatro traços que aparecem em dois versículos centrais deste texto, Números 11:16-17.

> *E o SENHOR disse a Moisés: "Reúna setenta autoridades de Israel, que você sabe que são líderes e supervisores entre o povo. Leve-os à Tenda do Encontro, para que estejam ali com você. Eu descerei e falarei com você; e tirarei do Espírito que está sobre você e o porei sobre eles. Eles o ajudarão na árdua responsabilidade de conduzir o povo, de modo que você não tenha que assumir tudo sozinho."*

1. Maturidade espiritual e dons de administração

O Senhor instruiu Moisés a trazer setenta "líderes e supervisores", ou mais precisamente, "anciãos do povo, e seus oficiais" (ARC), para ajudá-lo a governar. Novamente, o termo "anciãos" aponta para servos com experiência comprovada e maturidade espiritual e "seus oficiais" implica candidatos de qualquer idade, que exibam dons de administração entre o povo.

Moisés não devia identificá-los e depois liderar, pois esse trabalho era de Deus. O Senhor disse a ele para trazer essas setenta autoridades até Ele. Isso revela que seus serviços se submeteriam à ordenança de Deus. Também transmite a conotação de que o Senhor queria que esses supervisores O conhecessem profundamente, para que seu serviço refletisse Seu coração, e para que Sua orientação moldasse seu governo.

Embora não saibamos ao certo sobre o contexto dos setenta, eles provavelmente eram conhecidos por Moisés, tendo servido entre o povo, e podem ter sido contados entre os "oficiais" que tinham sido designados por sugestão de Jetro, o sogro de Moisés, como relatado em Êxodo 18:19-23.

Agora, ouça-me! Eu lhe darei um conselho, e que Deus esteja com você! Seja você o representante do povo diante de Deus e leve a Deus as suas questões.

Oriente-os quanto aos decretos e leis, mostrando-lhes como devem viver e o que devem fazer. Mas escolha dentre todo o povo homens capazes, tementes a Deus, dignos de confiança e inimigos de ganho desonesto. Estabeleça-os como chefes de mil, de cem, de cinquenta e de dez. Eles estarão sempre à disposição do povo para julgar as questões. Trarão a você apenas as questões difíceis; as mais simples decidirão sozinhos. Isso tornará mais leve o seu fardo, porque eles o dividirão com você. Se você assim fizer, e se assim Deus ordenar, você será capaz de suportar as dificuldades, e todo este povo voltará para casa satisfeito.

Jetro aconselhou Moisés a obter ajuda para lidar com a administração do povo. Ele deveria encontrar servos tementes a Deus e dignos de confiança, que odiassem ganhos desonestos, e ensinar a eles tudo o que precisariam saber. O peso que eles levantassem aliviaria sua carga. Assim, embora não possamos localizar com certeza a identidade das "autoridades" e "oficiais" que Moisés escolheu em Números 11, sugerimos que alguns provavelmente vieram desse grupo experiente de servos dispostos, que eram conhecidos por Moisés.

Quando começamos a pensar em supervisão em igrejas e ministérios, este exemplo bíblico nos sinaliza a procurar autoridades maduras e pessoas com dons de administração como candidatos. Faríamos bem em procurar servos tementes a Deus e dignos de confiança, que odeiam ganhos desonestos. Tais características de caráter posicionam os servos para governar a obra de Deus sob a ordenança de Deus.

2. Postura de pé e de escuta

Uma vez nomeado e trazido ao Senhor, o conselho assume uma postura específica em um determinado lugar com Moisés. Eles deveriam ir e permanecer na tenda do encontro com o servo de Deus. A tenda do encontro era o lugar onde o Senhor se encontrava com o povo. Era um lugar de escuta e comunhão divina.

A postura de pé reflete a atenção para ouvir do Senhor e a submissão à Sua ordenança. Lembre-se, eles eram o povo escolhido de Deus! A partir de ambos, tanto o permanecer de pé como o ouvir nesse lugar, podemos deduzir que isso os unificaria e os levaria a governar de maneira piedosa na direção que correspondesse aos desejos do Senhor. Para uma imagem possível dessa relação íntima com Deus, considere essa cena marcante, narrada em Êxodo 24:9-11.

Moisés, Arão, Nadabe, Abiú e setenta autoridades de Israel subiram e viram o Deus de Israel, sob cujos pés havia algo semelhante a um pavimento de safira, como o céu em seu esplendor. Deus, porém, não estendeu a mão para punir esses líderes do povo de Israel; eles viram a Deus, e depois comeram e beberam.

Nesse caso, estar de pé e ouvir coloca Moisés, Arão, Nadabe, Abiú e os setenta em posição de receber um convite de Deus para subir, vê-lo e experimentar uma comunhão mais profunda com Ele. Essa proximidade é retratada pela bela imagem de comer e beber juntos.

Para mais clareza, as "autoridades de Israel" aparecem como "nobres dos filhos de Israel" na Tradução Brasileira, que é outra expressão usada para descrever autoridades e oficiais. Apresentamos esse ponto para lembrar aos leitores que Deus é o "Líder" de Seu povo, enquanto as autoridades e os oficiais permanecem e governam sob Sua autoridade.

Imagine estar de pé e ouvir na condição de conselho administrativo. Não seria uma prática nova. Ao longo da história da Igreja, encontramos muitos exemplos de estar de pé durante a leitura das Escrituras, juntamente com o silêncio para ouvir de Deus. Muitas igrejas e ministérios ainda fazem isso. Visualize o impacto potencial de adotar a postura de estar de pé e ouvir em ambientes de governança para lembrar os supervisores de se submeterem e governarem em nome de Deus como o Líder!

3. A presença e o poder do Espírito
Um terceiro aspecto do Conselho de Moisés reflete sua fonte de poder e unidade. O Senhor derrama nos membros do conselho

o mesmo Espírito que está em Moisés. Manifestações místicas como essa são raras no Antigo Testamento. Elas autenticam que Deus está trabalhando. Em outro caso com Moisés, relatado em Êxodo 31:1-5, o Espírito de Deus capacita Bezalel a fazer grandes coisas.

> *Disse então o SENHOR a Moisés: "Eu escolhi a Bezalel, filho de Uri, filho de Hur, da tribo de Judá, e o enchi do Espírito de Deus, dando-lhe destreza, habilidade e plena capacidade artística para desenhar e executar trabalhos em ouro, prata e bronze, para talhar e esculpir pedras, para entalhar madeira e executar todo tipo de obra artesanal.*

Qualquer pessoa em posição de governança, como os setenta do Conselho de Moisés ou os supervisores de hoje, pode ser tentada a confiar no poder e na sabedoria humana, ou "na carne", como descrito em outros textos bíblicos, em vez de no Espírito. Devemos evitar intencionalmente essa tendência. Simultaneamente, as autoridades devem trabalhar não para criar unidade, mas para preservar a unidade que já têm. O texto afirma que o Senhor derramaria o Espírito ao redor. Portanto, é Deus quem unifica os setenta com o Espírito, enquanto eles estão juntos.

De volta a Números 11, Eldade e Medade, contudo, não foram para a tenda do encontro, como foi indicado, mas permaneceram no acampamento, e o Espírito ainda repousava sobre eles. Isso ensina que o Espírito ainda pode trabalhar através de pessoas que não seguem instruções. É uma notícia reconfortante! No entanto, os supervisores devem dar o exemplo, servindo em obediência a Deus.

4. Serviço humilde

A característica final do Conselho de Moisés mostra que os membros do conselho sujaram suas ilustres mãos como humildes servos. Sua função era compartilhar o fardo do povo com o servo de Deus, Moisés. Ele estava cansado e o trabalho era muito grande, como suas próprias palavras revelam, ao falar sobre o povo de Deus em Deuteronômio 1:9-12.

> *Naquela ocasião eu lhes disse: "Não posso levá-los sozinho. O* SENHOR, *o seu Deus, os fez multiplicar de tal modo que hoje vocês são tão numerosos quanto as estrelas do céu. Que o* SENHOR, *o Deus dos seus antepassados, os multiplique mil vezes mais e os abençoe, conforme lhes prometeu! Mas como poderei levar sozinho os seus problemas, as suas cargas e as suas disputas?"*

Compartilhar o fardo de Moisés significava que os setenta se incomodariam voluntariamente e colocariam as necessidades do povo à frente de suas próprias necessidades. Ajudariam a resolver disputas, que seriam confusas e provavelmente exigiriam paciência para lidar com pessoas e situações frustrantes.

Governança à maneira de Deus requer um serviço humilde. A administração do trabalho do Senhor é difícil, e a governança se torna ainda mais complexa quando os supervisores têm de vir ao lado do servo designado por Deus para ajudar a resolver as confusões. As pessoas saem dos trilhos e os supervisores as ajudam a voltar ao caminho certo e a permanecer lá.

Resumo

O Conselho de Moisés fornece um paradigma basilar para pensar biblicamente sobre a governança de conselho administrativo. Quatro características são apresentadas em Números 11, que nos mostram o que o Senhor deseja para os supervisores. Eles representam autoridades e oficiais com maturidade espiritual comprovada e dons de administração evidenciados. Estão com o servo escolhido de Deus em um lugar onde podem ouvir do Senhor. O Espírito de Deus os fortalece e os unifica. Finalmente, eles ajudam os servos de Deus a compartilhar o fardo do povo como servos humildes. Podemos localizar esse conselho no registro bíblico por mais de mil anos entrando nos tempos do Novo Testamento.

Capítulo 2

O Conselho judaico no Primeiro Século

A esfera de autoridade do Sinédrio de Jerusalém estendeu-se sobre os assuntos espirituais, políticos e jurídicos dos judeus.[4]

GRAHAM H. TWELFREE

Mais de um milênio depois de Moisés, o Conselho Judaico ainda incorporava um sumo sacerdote mais setenta membros, mas talvez seja aí que a comparação termina. Embora a forma do Conselho de Moisés tenha prevalecido, encontramos que a função mudou consideravelmente nos dias de Jesus. Em resumo, eles deixaram de governar sob a ordenança de Deus para servir como o "conselho governante" (JOÃO 3:1).

Estudiosos posicionam a virada de poder durante o período macabeu (segundo século a.C.), no qual o Conselho Judaico passa a ser conhecido como "Sinédrio". O nome significa "sentados juntos". Observe a mudança gritante de postura, contrastando com o ficar de pé do Conselho de Moisés! A maioria das referências bíblicas ao Sinédrio traduz o termo simplesmente como "assembleia" ou "conselho". O Sinédrio mantinha interação com Roma para governar os judeus.

João 11:47-50 – A função do Sinédrio

Na antiguidade, cada comunidade reunia seus principais membros para trazer direção e ordem à vida cívica. Jerusalém tinha sua própria nobreza leiga – homens que estavam profundamente comprometidos com o sucesso de Jerusalém e que trabalhavam junto com os sacerdotes do templo para trazer ordem... Essas autoridades se uniam a membros seletos do sacerdócio (que eram geralmente saduceus) e levaram os fariseus a formar um 'alto conselho' chamado Sinédrio.[5] GARY M. BURGE

No primeiro século, encontramos que a composição do Sinédrio havia mudado. Em acréscimo às "autoridades e oficiais" com maturidade espiritual e dom de administrar, como vemos no Conselho de Moisés, o grupo inclui especialistas jurídicos bem instruídos, que se preocupavam profundamente com a preservação das leis e tradições judaicas, e líderes religiosos que haviam conquistado seus postos atrelados à sua linhagem, riqueza e status.

O *Mishnah* relata a existência de conselhos menores ou tribunais inferiores, com vinte e três membros e o sumo sacerdote para julgar casos intermediários (cf. Mishnah, Sanh. 1.6). Candidatos a esses conselhos eram escolhidos entre os chefes de família. Mais uma vez, isso implica em alguma medida de riqueza e status. O Sinédrio governou o povo como um conselho administrativo completo e os tribunais inferiores aparecem como forças-tarefas para tratar de assuntos menores. Comunidades judaicas fora de Jerusalém tinham estruturas semelhantes nas sinagogas locais.

Lemos sobre o Sinédrio em vários textos dos Evangelhos, onde ele emerge como a nefasta assembleia noturna que colocou Jesus em julgamento (CF. MATEUS 26:59; MARCOS 15:1; LUCAS 22:66; JOÃO 11:47) e o grupo que tentou reprimir o ministério dos apóstolos que trabalhavam para fazer o evangelho avançar (CF. ATOS 5:27).

João 11:47-50 ilustra como o sumo sacerdote, os chefes dos sacerdotes e os fariseus atuaram como governantes em Jerusalém. Esse texto relata trechos da reunião do Sinédrio imediatamente após o relato de Jesus ressuscitando Lázaro dos mortos. Caifás, que assumiu a presidência por intermédio de seu sogro Anás (que também ilustra como o poder passava por meio de linhagens familiares), liderou a assembleia.

Então os chefes dos sacerdotes e os fariseus convocaram uma reunião do Sinédrio. "O que estamos fazendo?", perguntaram eles. "Aí está esse homem realizando muitos sinais miraculosos. Se o deixarmos, todos crerão nele, e então os romanos virão e tirarão tanto o nosso lugar como a nossa nação." Então um deles, chamado Caifás, que naquele ano era o sumo sacerdote, tomou a palavra e disse: "Nada sabeis! Não percebeis que vos é melhor que morra um homem pelo povo, e que não pereça toda a nação."

A voz que guiava o Conselho de Moisés era a Palavra do Senhor, mas, no primeiro século, o Sinédrio parece seguir a orientação do sumo sacerdote, Caifás. Embora nosso conhecimento sobre essa e outras reuniões do Sinédrio seja limitado, não temos nenhum registro bíblico de que as Escrituras tenham influenciado os procedimentos do Sinédrio.

Você já esteve em uma reunião em que os supervisores parecem ter deixado de governar para falar e agir como se fossem donos do lugar? Sempre que um grupo de pessoas exerce autoridade espiritual, política e legal, isso coloca todos ao seu redor em uma posição perigosa. O que tornou esse grupo ainda mais problemático é que sua interpretação oral da Torá havia tornado-se uma tradição consolidada; esperava-se que o povo a observasse como lei.

Podemos traçar a mudança de poder, passando de governar para estar no comando, por pelo menos dois fatores principais, que aconteceram logo após a revolta dos macabeus. A autoridade do cargo de sumo sacerdote inflou quando Simon Maccabeus foi designado sumo sacerdote, chefe militar e etnarca (líder político) dos judeus (aproximadamente 140 a.C.). Ainda, durante o reinado da rainha Alexandra (76-67 a.C.), o poder do Sinédrio cresceu quando o grupo passou a ser dominado pelos fariseus em vez de pelos sacerdotes ou outras autoridades.[6] O povo tinha de se submeter a seus desejos e à sua compreensão da Torá, ou então...!

O que os conselhos podem fazer para garantir que não mudem de governar para estar no comando? Sugerimos que identificar as armadilhas que dominaram o Sinédrio pode ajudar os supervisores a evitar tais ciladas sinistras e manter uma perspectiva bíblica sobre a governança dos conselhos.

Uma perspectiva bíblica sobre a Governança 53

Quatro armadilhas do Sinédrio

O Sinédrio se desviou do padrão do Conselho de Moisés tanto na composição dos setenta como em sua função em relação ao povo em pelo menos quatro formas. Nós as identificamos como quatro armadilhas. Elas se unem para formar uma receita para o desastre.

1. Selecionar pessoas de status

Nos dias de Jesus, o Sinédrio provavelmente ainda incluía autoridades e oficiais de maturidade espiritual comprovada e dons de administração evidenciados, como no Conselho de Moisés, mas outros se haviam infiltrado nas fileiras. Esses candidatos eram frequentemente escolhidos a partir de um grupo de chefes de família, o que traz alguma medida de riqueza como fator de designação. Especificamente, encontramos dois conjuntos de pessoas de status – chefes de sacerdotes e fariseus.

Os chefes ou os principais dos sacerdotes, frequentemente saduceus, seriam especialistas na Torá, a lei escrita do Antigo Testamento. Assim, seu status, se comparado com outros, seria associado ao seu alto nível de instrução. Não devemos confundi-los com o "sumo" sacerdote que espelhava o papel de Moisés (LC 19:47). Também devemos observar que sob domínio romano, a posição de sumo sacerdote parece assumir mais um papel legal ou político do que um papel espiritual. Esse grupo tinha instrução e conexões.

Além disso, se um sacerdote principal ascendesse para ocupar um lugar no Sinédrio, era comum essa pessoa transmitir o lugar para um descendente seu. Embora um sacerdote de uma geração pudesse conhecer as Escrituras, nem sempre era o caso com a geração seguinte. Famílias proeminentes detinham o poder; portanto, a linhagem é vista como um fator determinante para o serviço entre os setenta. Para um exemplo disto, considere a cena da prisão de Jesus em João 18:12-13, e note que o papel de sumo sacerdote passou para um parente.

Assim, o destacamento de soldados com o seu comandante e os guardas dos judeus prenderam Jesus. Amarraram-no e o levaram primeiramente a Anás, que era sogro de Caifás, o sumo sacerdote naquele ano.

Os fariseus surgem como o outro grupo proeminente, que realmente dominou os setenta. Ganharam status por causa de seu conhecimento da Torá, a lei escrita, juntamente com a Halakha, a lei oral (que representava uma compilação das tradições orais para a interpretação da lei escrita). Por preencherem a maioria das cadeiras do Sinédrio, sua interpretação de textos bíblicos prevaleceu sobre o povo. Literalmente, eles dominaram! Fariseus ilustres incluem Nicodemos e o apóstolo Paulo. Atingir esse nível na sociedade judaica deu a Nicodemos a distinção de ser um "dirigente" sobre o povo (JOÃO 3:1), e também ajudou a livrar o apóstolo Paulo de uma situação delicada (CF. ATOS 23:1-11). Poucas pessoas se metiam com os principais fariseus.

Em vez de identificar especificamente autoridades e oficiais de maturidade espiritual comprovada e com dons administrativos evidenciados, como o Conselho de Moisés, os membros do Sinédrio designavam membros da família e/ou amigos com instrução e alguma riqueza para governar com eles e ajudar a preservar o poder e a tradição.

Essa reorientação reflete o padrão cultural e político para selecionar os supervisores, em lugar de escolhê-los de acordo com o paradigma bíblico. O Sinédrio mudou, passando a selecionar governantes e líderes como o mundo faz, ao invés de identificar supervisores que seguem o padrão estabelecido pelo Senhor. Para evitar essa armadilha, os conselhos administrativos fariam bem em traçar um processo de seleção que se alinhasse com o padrão bíblico.

2. Postura de comandar e controlar

Essa segunda armadilha direciona nossa atenção para a mudança na função do Sinédrio, se comparado com o Conselho de Moisés. O Sinédrio se sentava junto, tomando uma postura de comandar e controlar, em vez de ficar de pé e ouvir para governar como servos humildes. Atos 4:1-10 demonstra essa postura deletéria de forma viva.

Enquanto Pedro e João falavam ao povo, chegaram os sacerdotes, o capitão da guarda do templo e os saduceus. Eles estavam muito perturbados porque os apóstolos estavam ensinando o povo e proclamando em Jesus a ressurreição dos mortos. Agarraram Pedro e João e, como já estava anoitecendo, os colocaram na prisão até o dia seguinte. Mas, muitos dos que tinham ouvido a mensagem creram, chegando o número dos homens que creram a perto de cinco mil.

No dia seguinte, as autoridades, os líderes religiosos e os mestres da lei reuniram-se em Jerusalém. Estavam ali Anás, o sumo sacerdote, bem como Caifás, João, Alexandre e todos os que eram da família do sumo sacerdote. Mandaram trazer Pedro e João diante deles e começaram a interrogá-los: "Com que poder ou em nome de quem vocês fizeram isso?"

Então Pedro, cheio do Espírito Santo, disse-lhes: "Autoridades e líderes do povo! Visto que hoje somos chamados para prestar contas de um ato de bondade em favor de um aleijado, sendo interrogados acerca de como ele foi curado, saibam os senhores e todo o povo de Israel que por meio do nome de Jesus Cristo, o Nazareno, a quem os senhores crucificaram, mas a quem Deus ressuscitou dos mortos, este homem está aí curado diante dos senhores."

Observe como os governantes e autoridades que orquestraram a crucificação de Jesus estão trabalhando para tentar manter seu controle sobre o povo. Seus esforços se voltam contra eles, pois a prisão dos apóstolos só serve para inspirar outros a crerem no evangelho de Jesus Cristo. Apesar de seus esforços coordenados, essas famílias formidáveis e seus conspiradores coadjuvantes não conseguem sustentar seu reduto sobre o povo judeu. Há aqui uma lição que se mantém verdadeira através da história humana. Quando um grupo tenta controlar e comandar o trabalho que pertence a Deus, é apenas uma questão de tempo até que as coisas sejam desvendadas!

3. Idolatria ao dinheiro

Os líderes religiosos mantiveram seu poder sobre o povo, em parte, porque tinham acesso a recursos financeiros associados à sua interpretação da lei. Numerosos exemplos ilustram isto.

Por exemplo, quando um homem judeu morria, a viúva tinha poucos direitos, e textos bíblicos como Marcos 12:38-40

(CF. LUCAS 20:47) revelam que seus recursos podiam ser pilhados por aqueles que governavam. É quase certo que a desculpa dos líderes religiosos para isso era que o faziam para o bem do povo e para preservar o trabalho contínuo de seu templo e de sua nação.

Não é de se admirar que Jesus tenha descrito os fariseus como amantes do dinheiro em Lucas 16:13-15! Na antiguidade, um amante do dinheiro era uma pessoa que pensava que o dinheiro fazia as coisas acontecerem[7]. Neste cenário, onde a religião e o governo tinham tornado-se um e o mesmo, o dinheiro surgiu como força motriz, o poder do aparato religioso.

"Nenhum servo pode servir a dois senhores; pois odiará a um e amará ao outro, ou se dedicará a um e desprezará ao outro. Vocês não podem servir a Deus e ao Dinheiro".

Os fariseus, que amavam o dinheiro, ouviam tudo isso e zombavam de Jesus. Ele lhes disse: "Vocês são os que se justificam a si mesmos aos olhos dos homens, mas Deus conhece os corações de vocês. Aquilo que tem muito valor entre os homens é detestável aos olhos de Deus".

Essa visão dos líderes religiosos explica como e por que eles permitiriam que comerciantes e cambistas entrassem no templo. Gananciosos por lucro, eles se beneficiariam da receita abundante, como revelam vários textos (CF. MATEUS 21:12-17; MARCOS 11:15-19; LUCAS 19:45-48; JOÃO 2:13-16).

A natureza abominável dos líderes religiosos também elucida porque vícios como "apegado ao dinheiro" (1 TIMÓTEO 3:3) e "ávido por lucro desonesto" (TITO 1:7) surgem como fatores desqualificantes para o ofício de supervisor na igreja primitiva do Novo Testamento, pois o desejo por dinheiro ou "ganância" é idolatria (EFÉSIOS 5:5; COLOSSENSES 3:5).

É cabível que aqueles que lutam para obter o controle do trabalho de Deus descubram que precisam de recursos para governar. Consequentemente, caem na armadilha da idolatria ao dinheiro para preservar seu lugar de poder na relação com o povo.

Para evitar essa armadilha, os conselhos administrativos precisam resistir à tendência de controlar e dominar. Adicionalmente, os supervisores serão beneficiados pela implementação de medidas intencionais de mordomia e desenvolvimento de recursos para que cada organização à qual servem mantenha uma relação correta com o dinheiro[8].

4. Orgulho

O Sinédrio visava arrogantemente preservar o status quo e sua posição entre o povo judeu e junto às autoridades romanas. Lembre-se dos esforços do Sinédrio para prender e matar Jesus, visando manter a paz com Roma e salvaguardar, em suas palavras, "tanto o nosso lugar como a nossa nação" (JOÃO 11:48).

Esses líderes falavam com orgulho, como se fosse a casa deles e não a casa de Deus. Além disso, para preservar seu domínio sobre o povo, tiveram a audácia presunçosa de apresentar testemunhos falsos quando nenhuma falta podia ser encontrada em Jesus, como Mateus 26:57-59 mostra.

Os que prenderam Jesus o levaram a Caifás, o sumo sacerdote, em cuja casa se haviam reunido os mestres da lei e os líderes religiosos. Mas Pedro o seguiu de longe até o pátio do sumo sacerdote, entrou e sentou-se com os guardas, para ver o que aconteceria. Os chefes dos sacerdotes e todo o Sinédrio estavam procurando um depoimento falso contra Jesus, para que pudessem condená-lo à morte.

Quando um grupo governante deseja manter o status quo e preservar as tradições a todo custo, isso o leva a cometer atrocidades horríveis. Os supervisores que sucumbem à armadilha do orgulho fazem o inimaginável. Isso aconteceu naquele tempo e acontece ainda hoje.

Quando qualquer igreja ou conselho sem fins lucrativos, motivado por excessiva autoconfiança, fala ou age como se dominasse, é culpado do pecado do orgulho. O único caminho certo é o arrependimento, o que significa mudar de direção.

Para um exemplo bíblico de arrependimento coletivo aliado à reforma da comunidade, os conselhos administrativos podem optar por estudar textos como Esdras 7-10. O arrependimento coletivo e a reforma da comunidade, que começam no topo, podem ajudar igrejas e ministérios a redescobrirem coletivamente seu papel e a cumprirem suas responsabilidades.

Resumo

Enquanto o Conselho de Moisés ficava com o servo de Deus, refletindo uma prontidão para ouvir a Deus e compartilhar o fardo do povo, o Conselho Judaico do primeiro século, o Sinédrio, aparecia com postura oposta. Sacerdotes e fariseus, juntamente com as autoridades, sentavam-se juntos como governantes e focavam em fazer o que fosse necessário para preservar sua posição de poder e as tradições. Seus esforços visavam controlar o comportamento do povo ao qual supostamente serviam. Embora o tamanho do conselho tivesse permanecido o mesmo no primeiro século, a função e a composição haviam mudado drasticamente. Os líderes religiosos perderam de vista sua responsabilidade de governar sob a ordenança de Deus e ataram fardos sobre o povo como amantes do dinheiro. Fatores culturais mais amplos no mundo romano provavelmente contribuíram para essa guinada sísmica.

Capítulo 3

Os Conselhos gentios do Mundo Romano

Roma deliberada e sistematicamente subverteu o ideal grego do boulē ["conselho"] como comitê executivo de uma ekklēsia ["assembleia"], cujos membros mudavam regularmente e com frequência. Tal instabilidade potencial foi considerada intolerável. Roma foi inteligente demais para modificar as instituições tradicionais das cidades gregas, porque isso poderia, profundamente, causar descontentamento. Ao invés disso, preservou a forma enquanto mudava radicalmente o conteúdo. Introduziu uma cláusula de propriedade para ser membro na ekklēsia e tendia a conceder a seus membros a posse vitalícia. Assim, Roma garantiu que qualquer poder que a cidade retivesse fosse exercido por aqueles com aversão à mudança e um forte interesse pessoal em preservar o status quo[9].

JEROME MURPHY-O'CONNOR

Um "conselho" de oficiais locais de confiança governou comunidades sob o domínio grego no mundo mediterrâneo durante séculos até os dias da igreja primitiva no primeiro século. Esse "conselho" era um subconjunto de um grupo maior, conhecido como "assembleia", que comissionou o conselho com autoridade para governar o comportamento dentro de cada cidade, sob o olhar do panteão dos deuses. Consequentemente, as pessoas comuns honravam a supervisão dos conselhos locais e respeitavam as tradições associadas às divindades locais.

Quando o centro do poder se deslocou da Grécia para Roma após a Batalha de Corinto (146 a.C.), Roma manteve cuidadosamente a forma do conselho local, mas mudou marcadamente o seu funcionamento, conforme explicado acima por Jerome Murphy-O'Connor. Ao introduzir a cláusula de propriedade como requisito para ser membro do conselho, as famílias ricas ficariam no poder por gerações. Roma fez isso para manter o estado das coisas perpetuamente. Funcionou, pelo menos, por quase 200 anos. Esse período ficou amplamente conhecido como *Pax Romana*, "Paz Romana" (27 a.C.–180 d.C.), embora a expressão represente, na melhor das hipóteses, um termo impróprio, pois a pessoa comum experimentou pouca paz naquela época.

Sacerdotes também desempenharam um papel fundamental no governo local. Assim como seus abastados colegas do conselho, transmitiram suas posições a seus descendentes. Roma quis assim e identificou cidades-chave, como Éfeso, a capital romana da Ásia Menor, para posicionar os templos imperiais com oficiais de culto.

Atos 19:23-41 – Os fatores culturais no Primeiro Século

Havia um cidadão de Éfeso que ficou particularmente alarmado com a conduta desordeira do povo. Era o escrivão, o oficial executivo da assembleia cívica, que participava da redação dos decretos a serem apresentados perante ela, e os mandava gravar quando eram aprovados. Também atuava como oficial de ligação entre o governo cívico e a administração provincial romana, que tinha sua sede em Éfeso.[10] F. F. BRUCE

Aprendemos sobre os conselhos do mundo romano por meio de provas literárias e inscrições em cidades proeminentes, como Roma, Atenas e Éfeso. Os dados epigráficos apresentam especificamente uma grande variedade de decretos feitos pelo "conselho e pela assembleia" nessas cidades. Essas palavras aparecem regularmente no início das proclamações oficiais feitos pelo conselho para o povo. Podemos lê-las nas pedras em que foram gravadas e colocadas em locais públicos. Muitas existem até hoje.

Também temos registro bíblico dos procedimentos de uma dessas assembleias em Éfeso, registrado por Lucas em Atos 19:23-41. Este texto, que apresenta o Conselho de Éfeso, traz à luz fatores culturais do primeiro século relacionados ao tema da governança.

Naquele tempo houve um grande tumulto por causa do Caminho. Um ourives chamado Demétrio, que fazia miniaturas de prata do templo de Ártemis e que dava muito lucro aos artífices, reuniu-os juntamente com

os trabalhadores dessa profissão e disse: "Senhores, vocês sabem que temos uma boa fonte de lucro nesta atividade e estão vendo e ouvindo como este indivíduo, Paulo, está convencendo e desviando grande número de pessoas aqui em Éfeso e em quase toda a província da Ásia. Diz ele que deuses feitos por mãos humanas não são deuses. Não somente há o perigo de nossa profissão perder sua reputação, mas também de o templo da grande deusa Ártemis cair em descrédito e de a própria deusa, adorada em toda a província da Ásia e em todo o mundo, ser destituída de sua majestade divina".

Ao ouvirem isso, eles ficaram furiosos e começaram a gritar: "Grande é a Ártemis dos efésios!" Em pouco tempo a cidade toda estava em tumulto. O povo foi às pressas para o teatro, arrastando os companheiros de viagem de Paulo, os macedônios Gaio e Aristarco. Paulo queria apresentar-se à multidão, mas os discípulos não o permitiram. Alguns amigos de Paulo dentre as autoridades da província chegaram a mandar-lhe um recado, pedindo-lhe que não se arriscasse a ir ao teatro.

A assembleia estava em confusão: uns gritavam uma coisa, outros gritavam outra. A maior parte do povo nem sabia por que estava ali. Alguns da multidão julgaram que Alexandre era a causa do tumulto, quando os judeus o empurraram para frente. Ele fez sinal pedindo silêncio, com a intenção de fazer sua defesa diante do povo. Mas quando ficaram sabendo que ele era judeu, todos gritaram a uma só voz durante cerca de duas horas: "Grande é a Ártemis dos efésios!" O escrivão da cidade acalmou a multidão e disse: "Efésios, quem *não sabe que a cidade de Éfeso é a guardiã do templo da grande Ártemis e da sua imagem que caiu do céu? Portanto, visto que estes fatos são inegáveis, acalmem-se e não façam nada precipitadamente. Vocês trouxeram estes homens aqui, embora eles não tenham roubado templos nem blasfemado contra a nossa deusa. Se Demétrio e seus companheiros de profissão têm alguma queixa contra alguém, os tribunais estão abertos, e há procônsules. Eles que apresentem suas queixas ali. Se há mais alguma coisa que vocês desejam apresentar, isso será decidido em assembleia, conforme a lei. Da maneira como está, corremos o perigo de sermos acusados de perturbar a ordem pública por causa dos acontecimentos de hoje. Nesse caso, não seríamos capazes de justificar este tumulto, visto que não há razão para tal". E, tendo dito isso, encerrou a assembleia.*

Aqui o escrivão da cidade trouxe calma a um tumulto com uma breve declaração, afirmando a fama da deusa e lembrando a todos que Roma lhes deu tribunais para resolver disputas. Estava motivado a pedir ordem, pois se a cidade fosse acusada de tumulto, Roma poderia tomar medidas enérgicas para restaurar a paz. Nenhuma cidade queria que Roma enviasse soldados para levar paz pela força.

Os conselhos gentios do mundo romano no primeiro século continham cidadãos ricos e sacerdotes que estavam altamente motivados a preservar o *status quo*. Isto explica por que uma dinastia familiar próspera, "os Herodes", governaria a Judeia como um estado cliente de Roma nos dias do nascimento, ministério, morte e ressurreição de Jesus Cristo (CF. MATEUS 2, ET AL).

Fatores culturais e políticos ditados por Roma moldaram as estruturas de governança ao longo do mundo mediterrâneo no primeiro século, impactando tanto os gentios como os judeus. Conselhos locais, como o de Éfeso, tiveram pouca escolha a não ser seguir os padrões romanos para nomear funcionários, resolver disputas e controlar o comportamento nas cidades. Aqueles que não cumpriam seus deveres enfrentavam ou a recolocação ou a ameaça de violência.

Quatro armadilhas dos Conselhos gentios

Como resultado dos fatores culturais dominantes, quatro armadilhas vêm à tona dos conselhos consultivos gentios do primeiro século relacionados à governança. As Escrituras as expõem para nosso benefício. Apresentá-las ajuda os supervisores a aprenderem como não governar.

1. Selecionar pessoas de status
Os efésios ouviram o escrivão da cidade porque votaram nessa pessoa para um termo de serviço a partir de uma cédula de cidadãos proprietários de terras e porque o escrivão da cidade era o vínculo com Roma. Culturalmente, o escrivão da cidade era um efésio, ou um deles. Eles teriam desejado que permanecesse assim.

Os padrões culturais, religiosos e políticos estavam interligados e prescreviam que os candidatos à supervisão da comunidade teriam de ser proprietários de terras. Essa exigência apontava para um nível significativo de riqueza. Esses oficiais da comunidade também deviam demonstrar capacidade para manter a paz, a fim de preservar a função. Se falhassem, um forasteiro simpatizante de Roma os substituiria, o que criaria mais tensão.

Para um exemplo bíblico disto, considere Marcus Antonius Felix. Era um influente cortesão e antigo escravo do imperador romano Cláudio, que governou de 41 a 54 d.c. Quando Félix serviu como "governador" da Judeia (ATOS 23:24), Lucas relata que Félix manteve o apóstolo Paulo em custódia como um favor aos judeus, enquanto esperava um suborno (aproximadamente entre os anos 56-58). O apóstolo Paulo não ofereceu suborno e Félix foi substituído por Pórcio Festo (CF. ATOS 24:26-27). As regras do jogo do governo romano eram mais ou menos assim: encher o bolso com subornos e manter a paz, concedendo favores e resolvendo conflitos na comunidade, ou ser substituído.

Roma colocava famílias ricas em posições de supervisão na Ásia Menor, na Judeia e em todo o antigo mundo mediterrâneo, fazendo da posse de propriedade um requisito para o serviço cívico. Quando isso falhava, o imperador enviava romanos proeminentes para fazer o trabalho. Isso moldou estruturas de governança tanto para os gentios como para os judeus. O padrão cultural estabeleceu designações ligadas a riqueza e relacionamentos, em vez do paradigma bíblico que prioriza a identificação de candidatos com maturidade espiritual comprovada e dons administrativos evidenciados.

Na prática contemporânea, os candidatos biblicamente qualificados também podem ter alguma medida de riqueza ou status. Para evitar a armadilha que se vê aqui, evite atender às pressões culturais. Procure pessoas de maturidade espiritual e dons administrativos comprovados, independentemente de sua condição de riqueza ou status. Algumas terão riqueza e status, e outras não. O segredo é não permitir que aspectos externos o enganem; procure por pessoas de profundidade interna!

2. Postura de comandar e controlar

Repare novamente o governo controlador do escrivão da cidade sobre o conselho e a assembleia de Éfeso, em Atos 19:35-41. Em resposta ao tumulto, o escrivão da cidade apelou inicialmente para a autoridade da deusa Ártemis, que eles acreditavam que tinha poder sobre o povo. Basicamente, o escrivão da cidade os orientou a se acalmarem, acreditando que Ártemis ainda reinava, embora a venda de ídolos tivesse diminuído. Então o escrivão da cidade os incitou a se acalmarem, para que Roma não enviasse tropas para restaurar a ordem pela força. Essa declaração alterou o rumo da reunião. Ninguém queria que Roma soubesse do tumulto.

Conselhos gentios como esse em Éfeso sabiam que seu governo, ou melhor, seu domínio, estava diretamente ligado à sua conexão com Roma. Se essa relação se deteriorasse, não somente os substitutos externos passariam a governar, mas também medidas drásticas se seguiriam. Para um exemplo trágico disto, considere o que ocorreu em Jerusalém. Josefo, um famoso historiador judeu, relata que a oposição à supervisão local levou a tumultos, de modo que, por volta do ano 66, foram enviadas tropas (*A Guerra dos Judeus* 2.14.6). Por volta do ano 70, Roma destruiu a cidade.

Em vez de permanecer de pé, em serviço, e ouvir a Deus como o Conselho de Moisés, os conselhos no mundo romano mantiveram a fama dos deuses locais e sustentaram o status quo para preservar o domínio. Aqueles que governavam sentavam-se como líderes acomodados no poder, com seus ouvidos postos em Roma. Faziam o que era dito a eles. Aqueles que não obedeciam sofriam duras consequências. Isto explica por que as autoridades locais estavam tão altamente motivadas a manter a paz e a preservar seu lugar na sociedade.

3. Idolatria ao dinheiro

O ministério de Paulo em Éfeso (aproximadamente entre 52-54) contribuiu para a difusão do evangelho de Jesus Cristo "de forma que todos os judeus e os gregos que viviam na província da Ásia ouviram a palavra do Senhor" (ATOS 19:10). Apesar de a fama de Éfeso ter girado em torno de Ártemis durante séculos, o crescente movimento cristão estava agora conquistando espaço. As vendas de ídolos caíram. Foi isso o que realmente desencadeou o tumulto.

Demétrio e seus companheiros ourives afirmaram claramente que levaram esse caso ao Conselho de Éfeso porque seu comércio se havia deteriorado. O ponto de inflexão, portanto, foi financeiro. O tumulto revelou que a riqueza material era um ídolo maior para os efésios do que Ártemis. A venda de objetos do sobrenatural pagão era um grande negócio. Havia muito dinheiro atrelado a isso. Lucas relata o valor de tais objetos em Atos 19:18-20.

> *Muitos dos que creram vinham, e confessavam e declaravam abertamente suas más obras. Grande número dos que tinham praticado ocultismo reuniram seus livros e os queimaram publicamente. Calculado o valor total, este chegou a cinquenta mil dracmas. Dessa maneira a palavra do Senhor muito se difundia e se fortalecia.*

Como um dracma representava cerca de um dia de salário, isso era provavelmente um grande incêndio. Esse cenário também revela o crescimento explosivo da comunidade cristã e pode explicar, pelo menos em parte, por que as vendas de ídolos haviam caído tanto. Enquanto a multidão estava determinada a linchar o apóstolo Paulo por enviá-los à crise financeira, o Conselho de Éfeso contribuiu para expulsá-lo da cidade por promover o evangelho de Jesus Cristo e não a fama de Ártemis.

Ou Deus ou o dinheiro serviu como poder e força motriz dos conselhos no registro bíblico. Para o Conselho de Éfeso, o apego ao dinheiro surge como a força orientadora dos procedimentos e fornece um exemplo preocupante para futuros grupos governantes.

Os conselhos hoje enfrentam a mesma escolha: servir a Deus ou ao dinheiro. Quando um conselho passa de governar para dominar, geralmente também passará de servir a Deus para servir ao dinheiro, já que o dinheiro surge como o único poder remanescente para alimentar as operações. Tais conselhos frequentemente recorrem a práticas seculares de arrecadação de fundos, visando apenas obter dinheiro das pessoas em vez de envolver diligentemente a participação de membros e de um número crescente de doadores que sejam ricos para com Deus.

4. Orgulho

O apelo de Demétrio junto com seus companheiros ourives ao Conselho de Éfeso gira em torno de preservar a reputação da cidade e de sua proeminência regional. Ele embala suas observações com uma linguagem específica, que revela um desejo de defender o orgulho local. As massas efésias respondem com tumultos.

Podemos quase ouvir seus protestos durante duas horas, como relata Lucas duas vezes (ATOS 19:28, 34): "Grande é a Ártemis dos efésios!" A deusa não é apenas "Ártemis", mas "Ártemis dos efésios". Seus cantos gotejavam orgulho. Ela era a divindade local deles que tinha aclamação internacional, e eles queriam que permanecesse assim!

Fontes antigas nos dizem que seu templo era uma maravilha arquitetônica e uma atração turística, que recebia visitantes de todo o mundo antigo. Como exemplo, Antipater de Sidon chamou o templo dela de uma das "Sete Maravilhas do Mundo", listando-o em segundo lugar em destaque, atrás apenas do Monte Olimpo (*Antologia Grega* 9.58). Não é de se admirar que o escrivão da cidade tenha agido para salvaguardar o orgulho local e a reputação da cidade na sociedade!

Em última instância, o orgulho do Conselho de Éfeso visava preservar a honra de Ártemis, a proeminência de sua cidade e a autoridade deles perpetuamente. Os conselhos enfrentam hoje a mesma tentação em seu serviço. Desconfie de quaisquer esforços que apareçam como autopromoção ou que se concentrem em expandir sua própria fama, em vez de celebrar e reunir pessoas para participar de esforços que expandam o nome e a fama de Deus.

Resumo

Fontes antigas relatam que os conselhos gentios no primeiro século, como o Conselho de Éfeso, escolhiam membros locais com base em riqueza e status. Os membros do conselho mantinham essas funções, preservando o *status quo*, conforme ditado por Roma. Podemos traçar como desejo de manter o controle, a idolatria ao dinheiro e os procedimentos de governança orientados pelo orgulho. Essa análise também nos ajuda a entender fatores que provavelmente influenciaram o Conselho Judaico do primeiro século, o Sinédrio, a se afastar tanto do paradigma do Conselho de Moisés. Ele parece ter sido absorvido pelas armadilhas culturais romanas, em nome da autopreservação. Como observadores vigilantes, não devemos ignorar o objetivo instrutivo do registro bíblico do Conselho de Éfeso. Ele nos ensina que padrões de governança mundanos e esforços evangélicos não podem caminhar juntos.

Capítulo 4

O Conselho de Jerusalém em Atos dos Apóstolos

Não é exagero dizer que Atos 15 é o capítulo mais crucial de todo o livro.[11]

BEN WITHERINGTON

A seguir, consideramos o Conselho de Jerusalém em Atos dos Apóstolos, de Lucas. Os discípulos judeus de Jesus tinham acabado de compreender que os gentios também tinham recebido "arrependimento para a vida" (ATOS 11:18). Consequentemente, uma nova categoria de pessoas havia surgido no mundo. Sua identidade como seguidores de Jesus era mais profunda que rótulos étnicos, de modo que "em Antioquia, os discípulos foram pela primeira vez chamados cristãos" (ATOS 11:26).

Os traços definidores desse novo povo, contudo, não eram muito claros. Por exemplo, o debate girou em torno de se os gentios tinham ou não que ser circuncidados como seus companheiros crentes judeus. Essa não era uma questão pequena. O Conselho de Jerusalém resolveria a questão e, ao fazê-lo, nos daria uma visão aguçada relacionada à governança.

Atos 15 – A Governança do Conselho de Jerusalém

Na câmara do conselho, os cidadãos se reúnem para tomar decisões sobre quais ações devem ser tomadas no futuro, e como a cidade (ou alguns de seus constituintes) deve responder... Atos 15 apresenta uma série de discursos ainda mais abertamente deliberativos em sua natureza, à medida que os membros da câmara do conselho cristão debatem se se vão ou não exigir que os gentios sejam circuncidados.[12] DAVID A. DESILVA

Alguns aspectos dessa reunião decisiva do conselho para a igreja primitiva aparecem mais publicamente. Revelam-se antes da "igreja" maior ou da "assembleia" (EKKLĒSIA EM ATOS 15:3, 4, 22, 41). Enquanto esse grupo maior inclui alguns do "partido religioso dos fariseus" (ATOS 15:5), o conselho assume uma composição distintamente cristã quando comparado a outros conselhos judeus do primeiro século, contendo apenas "apóstolos e presbíteros" (ATOS 15:6).

Nosso conhecimento dos procedimentos da câmara se limita aos bem conhecidos apontamentos fornecidos por Lucas, que registra discursos ou declarações de Pedro (ATOS 15:7-11), Paulo e Barnabé (ATOS 15:12) e Tiago (ATOS 15:13-21), junto com a carta para circular amplamente (ATOS 15:22-29).

No final, o Conselho de Jerusalém toma uma decisão que molda o futuro para todos os cristãos, tanto os crentes judeus como os gentios. Vamos ler o texto em sua totalidade para ver quais ideias bíblicas emergem relativas à governança. Lemos, em Atos 15:

> *Alguns homens desceram da Judeia para Antioquia e passaram a ensinar aos irmãos: "Se vocês não forem circuncidados conforme o costume ensinado por Moisés, não poderão ser salvos". Isso levou Paulo e Barnabé a uma grande contenda e discussão com eles. Assim, Paulo e Barnabé foram designados, juntamente com outros, para irem a Jerusalém tratar dessa questão com os apóstolos e com os presbíteros. A igreja os enviou e, ao passarem pela Fenícia e por Samaria, contaram como os gentios tinham se convertido; essas notícias alegravam muito a todos os irmãos. Chegando a Jerusalém, foram bem recebidos pela igreja, pelos apóstolos e pelos presbíteros, a quem relataram tudo o que Deus tinha feito por meio deles.*
>
> *Então se levantaram alguns do partido religioso dos fariseus que haviam crido e disseram: "É necessário circuncidá-los e exigir deles que obedeçam à lei de Moisés".*
>
> *Os apóstolos e os presbíteros se reuniram para considerar essa questão. Depois de muita discussão, Pedro levantou-se e dirigiu-se a eles: "Irmãos, vocês sabem que há muito tempo Deus me escolheu dentre vocês para que os gentios ouvissem de meus lábios a mensagem do evangelho e cressem. Deus, que conhece os corações, demonstrou que os aceitou, dando-lhes o*

Espírito Santo, como antes nos tinha concedido. Ele não fez distinção alguma entre nós e eles, visto que purificou os seus corações pela fé. Então, por que agora vocês estão querendo tentar a Deus, impondo sobre os discípulos um jugo que nem nós nem nossos antepassados conseguimos suportar? De modo nenhum! Cremos que somos salvos pela graça de nosso Senhor Jesus, assim como eles também".

Toda a assembleia ficou em silêncio, enquanto ouvia Barnabé e Paulo falando de todos os sinais e maravilhas que, por meio deles, Deus fizera entre os gentios. Quando terminaram de falar, Tiago tomou a palavra e disse: "Irmãos, ouçam-me. Simão nos expôs como Deus, no princípio, voltou-se para os gentios a fim de reunir dentre as nações um povo para o seu nome. Concordam com isso as palavras dos profetas, conforme está escrito:

'Depois disso voltarei e reconstruirei a tenda caída de Davi. Reedificarei as suas ruínas, e a restaurarei, para que o restante dos homens busque o Senhor, e todos os gentios sobre os quais tem sido invocado o meu nome, diz o Senhor, que faz estas coisas' conhecidas desde os tempos antigos.

"Portanto, julgo que não devemos pôr dificuldades aos gentios que estão se convertendo a Deus. Pelo contrário, devemos escrever a eles, dizendo-lhes que se abstenham de comida contaminada pelos ídolos, da imoralidade sexual, da carne de animais estrangulados e do sangue. Pois, desde os tempos antigos, Moisés é pregado em todas as cidades, sendo lido nas sinagogas todos os sábados".

Então os apóstolos e os presbíteros, com toda a igreja, decidiram escolher alguns dentre eles e enviá-los a Antioquia com Paulo e Barnabé. Escolheram Judas, chamado Barsabás, e Silas, dois líderes entre os irmãos. Com eles enviaram a seguinte carta:

Os irmãos apóstolos e presbíteros, aos cristãos gentios que estão em Antioquia, na Síria e na Cilícia: Saudações. Soubemos que alguns saíram de nosso meio, sem nossa autorização, e os perturbaram, transtornando suas mentes com o que disseram. Assim, concordamos todos em escolher alguns homens e enviá-los a vocês com nossos amados irmãos Paulo e Barnabé, homens que têm arriscado a vida pelo nome de nosso Senhor Jesus Cristo. Portanto, estamos enviando Judas e Silas para confirmarem verbalmente o que estamos escrevendo. Pareceu bem ao Espírito Santo e a nós não impor a vocês nada além das seguintes exigências necessárias: Abster-se de comida sacrificada aos ídolos, do sangue, da carne de animais estrangulados e da imoralidade sexual. Vocês farão bem em evitar essas coisas. Que tudo lhes vá bem.

Uma vez despedidos, os homens desceram para Antioquia, onde reuniram a igreja e entregaram a carta. Os irmãos a leram e se alegraram com a sua animadora mensagem. Judas e Silas, que eram profetas, encorajaram e fortaleceram os irmãos com muitas palavras. Tendo passado algum tempo ali, foram despedidos pelos irmãos com a bênção da paz para voltarem aos que os tinham enviado. [...] Mas Paulo e Barnabé permaneceram em Antioquia, onde, com muitos outros ensinavam e pregavam a palavra do Senhor.

Algum tempo depois, Paulo disse a Barnabé: "Voltemos para visitar os irmãos em todas as cidades onde pregamos a palavra do Senhor, para ver como estão indo". Barnabé queria levar João, também chamado Marcos. Mas Paulo não achava prudente levá-lo, pois ele, abandonando-os na Panfília, não permanecera com eles no trabalho. Tiveram um desentendimento tão sério que se separaram. Barnabé, levando consigo Marcos, navegou para Chipre, mas Paulo escolheu Silas e partiu, encomendado pelos irmãos à graça do Senhor. Passou, então, pela Síria e pela Cilícia, fortalecendo as igrejas.

"Alguns homens" causaram problemas (ATOS 15:1). Eles supostamente acolheram a inclusão dos gentios na comunidade de fé, mas somente com a exigência de que os gentios fossem circuncidados para serem salvos. Isso não foi um pequeno obstáculo a acrescentar ao evangelho.

Isso traz recordações à sua mente? Talvez você se lembre de situações em sua igreja ou ambiente ministerial nas quais "alguns homens" com um amplo conhecimento das Escrituras usaram esse conhecimento para amontoar fardos sobre os outros em vez de servi-los.

Não surpreende que Paulo e Barnabé tenham recebido o ombro frio dos fariseus, apesar da calorosa acolhida da igreja. Lembre-se, os fariseus eram especialistas não apenas na lei escrita, mas também em sua interpretação oral habitual, de modo que, como era de se esperar, mencionaram Moisés duas vezes em seu argumento a favor da circuncisão dos crentes gentios (ATOS 15:1, 5).

Do outro lado da mesa, Tiago, que presidiu os procedimentos, também citou Moisés a esse respeito (ATOS 15:21). Com três referências a Moisés em Atos 15, e particularmente a referência de Tiago, podemos supor que o Conselho de Jerusalém tinha uma alta consideração por Moisés e pode ter decidido governar de acordo com as linhas do Conselho de Moisés em Números 11. Eles teriam tido acesso a Números na igreja de Jerusalém.

Estudiosos observam amplamente que quando Lucas relatou que "os apóstolos e os presbíteros se reuniram para considerar essa questão", provavelmente levou algum tempo (ATOS 15:6). Não sabemos quanto tempo eles deliberaram na câmara do conselho. O que sabemos, com base em Atos, é que os debates alteraram os depoimentos de participantes chave.

Como exemplo, Pedro afirmou que testemunhou pessoalmente que os gentios receberam o Espírito Santo, e depois reiterou a mensagem central do evangelho. Então, embora Lucas não tenha relatado o testemunho de Paulo e Barnabé (ATOS 15:12), sabemos que eles falaram diante de Tiago, o chefe da igreja em Jerusalém, dando as declarações finais, o que efetivamente abriu a porta para os gentios se juntarem à comunidade de fé sem terem de se submeter à circuncisão.

Isso faz você se lembrar de um ponto de inflexão em uma reunião de conselho? Você pode imaginá-lo em sua mente. As pessoas mais influentes à mesa esperam que os demais falem e depois, no momento certo, contribuem com os comentários decisivos para as deliberações.

Observe a origem das palavras centrais de Tiago. Ele citou Amós 9:11-12 a partir da Septuaginta (a tradução grega do Antigo Testamento, abreviada como "LXX", pois era o trabalho de setenta tradutores). Com essa citação na língua do coração dos gentios, Tiago anunciou astutamente que eles estavam certos em se verem como participantes de levar o nome de Cristo.

Você já esteve em situações em que as pessoas debateram à exaustão, defenderam pontos de vista diferentes e depois, finalmente, alguém com autoridade ofereceu uma perspectiva bíblica? Muitas vezes a única coisa que os supervisores podem fazer para se preparar para tais situações é conhecer profundamente a Palavra de Deus, bem como a compreensão das Escrituras por seu público. Supervisores maduros, com profunda maturidade espiritual, fazem isso.

A decisão do conselho foi ao mesmo tempo sábia e acolhedora, e sua seriedade cresceu quando foi entregue por uma dupla multiétnica de mensageiros. Ao mesmo tempo que esses dois eram irmãos em Cristo e profetas (ATOS 15:32), eles provavelmente tinham origens étnicas muito diferentes. Foram escolhidos a dedo para o trabalho. Judas (chamado Barsabás) teria sido provavelmente o equivalente grego a um nome hebraico, Judá, filho de Sabás, e Silas ocorre comumente como uma versão grega do nome romano Silvanus. Efetivamente, deduzimos que um judeu e um gentio entregaram esta notícia para abençoar e conferir poder a todos os ouvintes.

Por vezes, os supervisores não são vistos nem ouvidos. Tomam decisões em câmaras fechadas, longe das pessoas a quem servem. A distância entre os grupos cresce com a comunicação limitada, de modo que as decisões vêm por meio de éditos de dominadores. Alternativamente, quando os supervisores são vistos e ouvidos ou representados por mensageiros que encarnam suas decisões, sua governança pode encorajar e até mesmo unificar um público dividido.

Para guardar o melhor para o fim no texto, o Espírito Santo aparece como o personagem principal, que orienta o processo. Essa declaração oficial revela que o Espírito guiou o conselho a essa conclusão.

> *Pareceu bem ao Espírito Santo e a nós não impor a vocês nada além das seguintes exigências necessárias: Abster-se de comida sacrificada aos ídolos, do sangue, da carne de animais estrangulados e da imoralidade sexual. Vocês farão bem em evitar essas coisas. Que tudo lhes vá bem* (ATOS 15:28-29).

Note que a carta nem sequer menciona a circuncisão! Por quê? A questão não era teológica, mas relacional. Para salvação, as pessoas não precisavam fazer mais nada porque Jesus Cristo terminou o trabalho. Entretanto, para preservar a unidade do Espírito, todos os cristãos fariam bem em evitar atividades associadas ao paganismo (ATOS 15:29).

Poderia ser essa a mensagem mais poderosa do Conselho de Jerusalém para os supervisores? Ao deliberar sobre questões difíceis, com demasiada frequência, os supervisores tomam partido e traçam linhas na areia da incerteza, o que muitas vezes resulta em divisão.

E se, ao invés disso, cada vez, os supervisores decidirem olhar as situações através da lente das Escrituras e tomar decisões com o discernimento de Salomão, como relatado em textos como 1 Reis 3:9? "Dá, pois, ao teu servo um coração cheio de discernimento para governar o teu povo e capaz de distinguir entre o bem e o mal. Pois, quem pode governar este teu grande povo?" Orar por um coração capaz de discernir e optar por governar sob a ordenança de Deus não tornará mais fáceis as questões que os supervisores enfrentam, mas pode levá-los a tomar decisões que preservem a unidade do Espírito e posicionar a obra de Deus para que se multiplique. Ao fazer isso, os supervisores removem a disputa do centro do palco e colocam o evangelho de Jesus Cristo de volta ao centro das atenções.

Semelhanças entre Números 11 e Atos 15

> O anseio de Moisés, em Números 11, pelo dia em que o Espírito seria derramado sobre todo o povo de Deus se fez fortíssimo nos profetas ao anunciarem a 'coisa nova' que 'Deus faria nos últimos dias'. Foi essa esperança de Moisés que Pedro viu cumprir-se não apenas com os milhares de convertidos judeus (incluindo alguns sacerdotes) mas [também] com a conversão dos gentios. Pedro repreendeu a seita da circuncisão de maneira decisiva no Conselho de Jerusalém, declarando o cumprimento de Sua promessa por parte de Deus...[13] MICHAEL HORTON

Moisés conhecia a Deus intimamente ao ter comunhão com Ele na tenda do encontro. Moisés carregou um grande fardo, ajudando uma nação insatisfeita a conhecer e a seguir o Senhor. O povo recém-formado de Deus era como crianças desobedientes, que não sabiam de nada melhor do que discutir. Embora o conselho dos setenta certamente o ajudasse no serviço simples, ele sem dúvida ansiava pelo dia em que todo o povo de Deus teria o Espírito derramado sobre eles.

Da mesma forma, Pedro, a "pedra" sobre a qual Jesus Cristo prometeu construir Sua Igreja (MATEUS 16:18), tinha visto o Espírito derramado tanto sobre os judeus como sobre os gentios. Ele teve um vislumbre da família inexperiente de Deus como um mosaico multiétnico de pessoas. O rumo do Conselho mudou quando, após longa discussão, Pedro se levantou e falou (ATOS 15:6-7). Ele assegurou que o jugo que seus antepassados judeus não puderam suportar não iria mais sobrecarregar ninguém.

Mesmo um leitor casual pode fazer comparações entre Números 11 e Atos 15. Quando Deus formou Seu povo como uma nação judia no Antigo Testamento e como uma comunidade cristã internacional no Novo Testamento, vemos um conselho de supervisores com composição e comissão similares. Ambos os textos servem como passagens fundamentais de governança na narrativa mais ampla da interação de Deus com Seu povo. Neles observamos quatro semelhanças significativas, com base nesse estudo de ambas as passagens.

1. Maturidade espiritual e dons administrativos

Em Números 11:16, os supervisores identificados para o serviço são descritos como "anciãos do povo, e seus oficiais" (Bíblia Tradução Brasileira). Eles tinham caráter testado e reputações confiáveis. Eram conhecidos de Moisés, administradores escolhidos a dedo e qualificados para governar.

De modo análogo, Atos 15:6 relata um conselho com "apóstolos e presbíteros" que tinham profunda fé e maturidade espiritual, como pilares na igreja primitiva. Eram conhecidos e respeitados por causa de seu estreito relacionamento com o Senhor Jesus Cristo.

A presença de supervisores com reconhecida maturidade espiritual e dons comprovados em Números 11 e Atos 15 aparece em contraste com outros conselhos no registro bíblico. Um olhar mais atento revela que sua composição diferiu porque os processos de seleção seguiram objetivos muito diferentes.

Os outros conselhos nomearam pessoas de famílias proeminentes, com riqueza ou status para funções de governança. Também temos registro de que eles deram assentos de conselho a seus descendentes ou amigos. Os conselhos de Números 11 e Atos 15 aparecem, em vez disso, para seguir o desígnio e o desejo de Deus para a seleção e o caráter dos supervisores. Eles são servos humildes, com maturidade espiritual comprovada e dons demonstrados.

2. *Postura de pé e de escuta*

Em Números 11 e Atos 15, os supervisores aparecem em uma postura que demonstra respeito e submissão à palavra do Senhor. No Conselho de Moisés os supervisores se reuniram e escutaram na tenda do encontro a fim de servir. Esse foi o lugar em que Moisés ouviu a voz de Deus. Podemos concluir que os anciãos e oficiais confiaram na sabedoria do Senhor para estar com Moisés e compartilhar o fardo de governar o povo.

Essa imagem de estar de pé e ouvir a Palavra de Deus difere nitidamente do Sinédrio e do Conselho de Éfeso. Os primeiros consideravam a governança como "sentar juntos" em cadeiras passadas a descendentes e a pessoas de status para governar com base na lei oral e na tradição. O último seguiu padrões culturais para a prática da supervisão e serviu a outras divindades em vez de ao Deus das Escrituras.

Comparável ao Conselho de Moisés, que liderou o "povo de Deus" logo após receber esse rótulo, é a situação em que Pedro se levantou no Conselho de Jerusalém, que se reuniu pouco depois de os seguidores de Jesus serem chamados pela primeira vez de "cristãos". Suas observações, juntamente com os comentários daqueles que falaram depois dele, trabalharam juntos para facilitar o crescimento exponencial do movimento cristão. Em ambos os casos, os conselhos estavam acima de qualquer desafio. Eram mais altos – não por causa de alguma medida de liderança humana ou habilidade – mas porque seus integrantes aparecem como supervisores dispostos a governar em submissão a Deus e à Sua Palavra.

O Conselho de Jerusalém conhecia as Escrituras, por isso é apropriado que o chefe da igreja em Jerusalém, Tiago, considerasse o debate através da lente das Escrituras. Especificamente, ele citou a tradução grega do Antigo Testamento, um texto que o público gentio em questão provavelmente teria compreendido (ATOS 15:16-17; AMÓS 9:11-12 NA SEPTUAGINTA).

Lembre-se, a imagem de estar de pé e escutar é sobre servir em submissão e respeito à ordenança de Deus. Embora o registro bíblico apresente o Sinédrio e o Conselho de Éfeso como procurando manter seu próprio governo, o Conselho de Jerusalém focou em submeter-se à autoridade de Deus em alinhamento com Sua Palavra.

Ainda, o Conselho de Jerusalém em Atos 15 estava reunido no mesmo lugar onde o Espírito Santo havia sido derramado no dia de Pentecostes, após a ressurreição e ascensão de Jesus Cristo (ATOS 2:1-13). O Conselho e, particularmente, os dirigentes aparecem como ouvintes uns dos outros e de Deus (ATOS 15:19).

Ao contrário dos outros conselhos da época, que são retratados no registro bíblico como oradores que promovem sua própria agenda, esses membros do conselho aparecem como ouvintes divinos, que ouvem o povo e a palavra do Senhor para o povo. Eles então governam com base no que ouviram e discerniram.

3. A presença e o poder do Espírito Santo

O Espírito Santo apareceu de maneira poderosa para Moisés no deserto em Números 11. Quando o Senhor derramou o Espírito sobre as setenta autoridades, eles profetizaram. Esse sinal validou a designação divina de seu poder e confirmou sua posição.

De forma similar, o Espírito Santo apareceu não apenas em poder nos procedimentos do Conselho de Jerusalém, mas como a força orientadora. Sua proclamação escrita demonstra uma deferência mística ao Espírito Santo: "Pareceu bem ao Espírito Santo e a nós..." e nos revela que eles visavam seguir a liderança de Deus em vez de liderarem a si mesmos (ATOS 15:28).

Tanto no Conselho de Moisés como no Conselho de Jerusalém, testemunhamos a manifestação do Espírito. Os outros conselhos do registro bíblico não têm tal validação. Isso chama nossa atenção para eles como sendo exemplares.

Discernir a direção do Senhor leva tempo e requer margem para ouvir em vez de falar nas sessões de diretoria. Reunir--se em silêncio para ouvir não é uma ideia nova. Podemos rastreá-la até a tenda do encontro. Silêncio nas sessões de diretoria pode parecer estranho para alguns, mas dá ao Espírito espaço para falar aos corações que se sintonizam com Deus.

4. Serviço humilde

De volta a Números 11, Moisés estava irritado com o povo de Deus. Eles lhe traziam todos seus problemas. A reclamação deles o deixava louco! O conselho dos setenta ajudou, ouvindo disputas para restabelecer os relacionamentos. Eles sujaram as mãos para preservar a unidade e a comunidade sob a ordenança de Deus. Isso era de vital importância, pois o povo de Deus viajaria junto na mesma grande caravana durante anos. Eles tinham que se entender!

Previsivelmente, o Conselho de Jerusalém em Atos 15 não se intimidou diante de uma situação difícil, de moldar a identidade das pessoas agora conhecidas como "cristãos". Os membros não se reuniram à noite em segredo, como o Sinédrio, para tomar suas decisões nem seguiram padrões culturais para resolver disputas, como o Conselho de Éfeso. Enquanto a assembleia maior sabia o que estava acontecendo, o conselho demonstrou transparência ao ajudar o povo a passar de um lugar de "grande contenda e discussão" para um lugar de unidade. A decisão do conselho posicionou os esforços evangélicos para multiplicar, embora, como revela a última parte do texto, surgissem outras discordâncias (ATOS 15:39). Claro que, enquanto as pessoas estiverem envolvidas, surgirão conflitos que poderão exigir uma intervenção adicional do conselho!

O Conselho de Jerusalém entrou no famigerado olho do furacão para encontrar uma solução. Não imporia fardo aos gentios, mas os libertaria de um jugo de escravidão. A decisão os libertaria para florescerem como cristãos, mas eles deveriam parecer diferentes de seus vizinhos pagãos.

Essa decisão efetivamente liberou poder e elevou o *status quo*. As implicações da situação não podem ser subestimadas. O Conselho de Jerusalém abriu mão do poder, antes reservado aos judeus, para posicionar a Igreja para que explodisse. No fluxo da narrativa bíblica, a Igreja de Jerusalém diminuiu para a Igreja Judaica e Gentia poder crescer em todo o mundo.

Ao contrário de outros conselhos no registro bíblico, que, com orgulho, visavam preservar seu domínio no governo, os conselhos em Números 11 e Atos 15 revelam o objetivo oposto. Eles visavam manter a unidade e aliviar o fardo do povo de Deus, mesmo que isso significasse tomar decisões que retirassem seu poder. É exatamente isso que eles discerniram que o Espírito os levava a fazer no serviço ao povo de Deus.

Resumo

Após um exame aprofundado do Conselho de Jerusalém, este capítulo estabeleceu quatro semelhanças entre o Conselho de Moisés em Números 11 e o Conselho de Jerusalém em Atos 15. Ambos os conselhos contêm membros com maturidade espiritual comprovada e dons evidenciados. Estão a serviço da submissão à ordenança de Deus como ouvintes divinos guiados pelo Espírito. Servem humildemente como supervisores que tomam decisões que preservam a unidade entre o povo de Deus. Juntos, eles nos ajudam a imaginar uma mentalidade para pensar sobre o governo de conselhos administrativos a partir de uma perspectiva bíblica.

# Capítulo 5

Mentalidade: uma estrutura bíblica para a Governança de Conselhos

Os sínodos posteriores agiram e falaram com a mesma convicção de que o [Espírito] Santo governava as assembleias da Igreja. Cipriano em seu tempo escreveu, em nome do Conselho que presidiu, 252 d.C., ao Papa Cornélio: "Pareceu-nos bem, sob a orientação do Espírito Santo..."[14]

CHARLES JOSEPH HEFELE

Da nossa análise dos conselhos nas Escrituras, surgiu um modelo mental para pensar sobre a governança de conselhos. Encontramos suas raízes no paradigma do Conselho de Moisés em Números 11 e nas práticas do Conselho de Jerusalém em Atos 15. Ainda, ele aparece em forte contraste com o funcionamento do Sinédrio e do

Conselho de Éfeso. Em resumo, o material bíblico nos ajuda a discernir tanto como pensar sobre a governança como não pensar sobre ela.

Os primeiros conselhos da igreja relatam submissão ao Espírito semelhante à do Conselho de Jerusalém. Por exemplo, como observado acima, Cipriano, Bispo de Cartago, faz eco a Atos 15:28 em sua carta ao Papa Cornélio. Encontramos uma mensagem semelhante na correspondência do Conselho de Arles (314 d.C.). Essas citações sugerem que os primeiros conselhos da igreja visavam seguir o exemplo do Conselho de Jerusalém. Assim sendo, essa mentalidade não é nova. Estamos apenas articulando-a de novo para as gerações presentes e futuras.

Os quatro componentes da mentalidade de Conselho

A proposta de Tiago de abstenção cristã gentia em quatro áreas culturais parecia uma política sábia para promover a tolerância mútua e o companheirismo.[15]

JOHN R. W. STOTT

Como a decisão em quatro partes do Conselho de Jerusalém, sugerimos que quatro componentes se unam para formar esta mentalidade. Nós os apresentamos aqui com quatro declarações. Cada uma emprega o termo "abster-se", seguindo o exemplo de Tiago no Conselho de Jerusalém. Temos que admitir que "abster-se" é uma palavra forte. Tiago a usou para trazer luz aos comportamentos a serem evitados a todo custo (ATOS 15:20). Repetimos isso porque queremos que os conselhos administrativos escapem das armadilhas do Sinédrio e das ciladas do Conselho de Éfeso.

Também usamos a palavra "adotar" e, mais especificamente, o gerúndio, "adotando", em cada uma das quatro declarações. Esta palavra sugere que os conselhos, de forma contínua, adotam as características do Conselho de Moisés e do Conselho de Jerusalém. Simplificando, acreditamos que os supervisores farão bem em seguir a estrutura bíblica exemplar sobre governança permanentemente.

Além disso, expressamos essa mentalidade de forma descritiva em vez de prescritiva, estabelecendo quatro padrões para considerar, juntamente com quatro práticas a adotar. Embora incluamos ilustrações das Escrituras para cada um deles, não prescrevemos como implementar essa mentalidade, pois isso pode variar em diferentes contextos.

Para sugestões práticas de "como fazer", que sejam mais concretas e pé no chão por natureza, sugerimos que você busque outros livros, que contenham uma riqueza de ideias sábias[16]. Oramos para que essa mentalidade bíblica molde seu pensamento sobre governança, enquanto outros recursos úteis guiem sua prática de governança.

1. Abster-se de permitir que a riqueza, status e/ou linhagem sirvam como fatores norteadores para a seleção de supervisores, adotando um processo de seleção que dê prioridade à maturidade cristã e aos dons administrativos sobre outros critérios dos candidatos.

Não estamos dizendo para se abster de engajar pessoas que Deus abençoou com riqueza material ou status elevado. Simplesmente aconselhamos que você procure candidatos de caráter piedoso e que demonstrem dons, independentemente de seu status socioeconômico. Tais pessoas conhecem Deus e sabem o que é preciso para administrar Seu trabalho. Podem fornecer conselhos e supervisão inestimáveis.

Como a igreja primitiva selecionava supervisores? A maioria responde a essa pergunta apontando para as listas de qualificações de 1 Timóteo 3:1-7 ou Tito 1:5-10. Embora esses textos listem os traços de caráter a serem procurados nos candidatos do conselho, direcionamos sua atenção para outro texto para estimular sua reflexão sobre o processo de seleção. Atos 1:21-26 relata como os onze discípulos preencheram o lugar vazio deixado por Judas. Lembre-se, os onze não eram um grupo qualquer de supervisores. Eles administravam os assuntos da igreja primitiva!

Portanto, é necessário que escolhamos um dos homens que estiveram conosco durante todo o tempo em que o Senhor Jesus viveu entre nós, desde o batismo de João até o dia em que Jesus foi elevado dentre nós às alturas. É preciso que um deles seja conosco testemunha de sua ressurreição".

Então indicaram dois nomes: José, chamado Barsabás, também conhecido como Justo, e Matias. Depois oraram: "Senhor, tu conheces o coração de todos. Mostra-nos qual destes dois tens escolhido para assumir este ministério apostólico que Judas abandonou, para o lugar que lhe era devido". Então tiraram sortes, e a sorte caiu sobre Matias; assim, ele foi acrescentado aos onze apóstolos.

Observe as duas etapas do processo de seleção. Uma reflete o papel humano e a outra revela a parte de Deus na orientação do processo. Para os onze, a procura era por uma pessoa conhecida, que estivesse com o Senhor Jesus desde o início. Dois candidatos preenchiam estes critérios: Barsabás e Matias. Pela parte de Deus, os onze lançaram sortes para permitir que Deus mostrasse a eles quem dos dois serviria como o membro final dos doze.

Você já viu algum processo de seleção do conselho que não fosse claro ou parecesse estar adulterado? Não estamos falando de dados com peso ou de uma moeda com duas caras, mas sim de um processo de seleção que foi vagamente delineado. Como resultado, estava maduro para abuso e exploração! Em contraste, pense nesta ilustração do Novo Testamento a respeito da seleção de Matias. Como os discípulos lançaram sortes, ninguém poderia dizer que este processo foi manipulado.

No antigo mundo das Escrituras, tanto nos dias do Antigo como do Novo Testamento, as pessoas acreditavam, amplamente, que os deuses influenciavam os assuntos da humanidade. Na verdade, era bastante comum lançar sortes para interagir com os deuses ou com o único Deus verdadeiro. Encontramos um exemplo memorável disto relacionado a Deus em Jonas 1:4-7.

O Senhor, porém, fez soprar um forte vento sobre o mar, e caiu uma tempestade tão violenta que o barco ameaçava arrebentar-se. Todos os marinheiros ficaram com medo e cada um clamava ao seu próprio deus. E atiraram as cargas ao mar para tornar mais leve o navio.

Enquanto isso, Jonas, que tinha descido para o porão e se deitado, dormia profundamente. O capitão dirigiu-se a ele e disse: "Como você pode ficar aí dormindo? Levante-se e clame ao seu deus! Talvez ele tenha piedade de nós e não morramos".

Então os marinheiros combinaram entre si: "Vamos tirar sortes para descobrir quem é o responsável por esta desgraça que se abateu sobre nós". Tiraram sortes, e a sorte caiu sobre Jonas.

De volta ao caso dos onze, em Atos 1, a sorte caiu sobre Matias. Sabemos pouco sobre Matias, mas Hipólito de Roma fornece uma pista importante (aproximadamente, no ano 235 d. C.). Em seu trabalho, *Sobre os Doze Apóstolos: Onde cada um deles pregou, e onde ele encontrou seu fim*, Hipólito menciona "Matias, que era um dos setenta". Os setenta aparecem em Lucas 10:1-12 como seguidores enviados pessoalmente em missão pelo Senhor Jesus. Quem era Hipólito? Fontes antigas relatam que ele era discípulo de Irineu, que era discípulo de Policarpo, que era discípulo de João, que se encontrava entre os doze. Este antigo testemunho externo de Hipólito corrobora as evidências bíblicas.

O processo de seleção que identificou Matias em Atos 1 sugere que os onze se abstiveram dos padrões culturais que escolhem supervisores com base na riqueza, status e/ou linhagem. Em vez disso, adotaram um processo para localizar pelo menos dois candidatos qualificados. Ainda, vemos que eles empregam uma prática intencional para tirar suas opiniões do caminho para que Deus pudesse fazer a escolha final entre os candidatos que surgiram no processo.

Não entenda que estamos sugerindo, de forma prescritiva, que cada conselho administrativo realize sorteio para escolher entre os candidatos, embora conheçamos pelo menos um que segue esse exemplo bíblico para permitir que o Espírito Santo faça a escolha final. Escute-nos pedindo, de modo descritivo, que você esboce um processo que impeça as pessoas de manipular o resultado. Assim, aconselhamos os conselhos que estruturem cuidadosamente os processos de identificação, a fim de localizar os possíveis candidatos entre aqueles com maturidade cristã e dons demonstrados, e que zelem pelo processo de seleção para evitar esquemas e exploração.

Devemos advertir que os corpos diretivos que incluem a riqueza como parte dos critérios de seleção podem revelar que "o amor ao dinheiro" se infiltrou em sua supervisão. O "amor ao dinheiro" é a inclinação que idolatra o dinheiro. Ele leva as pessoas a pensarem que o dinheiro faz as coisas acontecerem, quando, ao contrário, o Espírito Santo é o poder do ministério. A Palavra de Deus identifica explicitamente os "amantes do dinheiro" como desqualificados para governar (1 TIMÓTEO 3:3).

Além disso, os conselhos que procuram candidatos de famílias proeminentes, conhecidas por sua formação de elite e sabedoria mundana, podem ter problemas no processo. Embora sua diretoria possa não ter muitos de "nobre nascimento" ou status elevado, como Paulo descreve a comunidade cristã em 1 Coríntios 1:26-31, se você tem Cristo e supervisores com maturidade espiritual e dons administrativos, você tem exatamente o que precisa.

2. Abster-se da tendência de dominar ou controlar igrejas e organizações centradas em Cristo a partir de uma postura em que esteja sentado, adotando uma prática de estar de pé e ouvir a leitura das Escrituras como um lembrete, em cada reunião, para governar sob a ordenança de Deus.

Essa postura de pé e de escuta encontra raízes nas instruções específicas ao Conselho de Moisés. Em acréscimo, vemos isso refletido no Conselho de Jerusalém, em especial no que diz respeito ao uso das Escrituras. Por favor, observe o que acontece quando esses fatores se unem. Os supervisores encontram seu lugar na ordem de Deus, onde Aquele que governa está sentado e os que estão de pé e escutam estão posicionados para servir Aquele que está sentado. Assim, sugerimos que se levantem e escutem a Palavra de Deus, pois ela nos ensina Seus desejos para nós como Seus servos, enquanto administramos Sua obra. Sob essa luz, a governança vem à tona, responsabilizando os administradores pela realização de atividades fiéis, ao mesmo tempo em que os ajuda conforme necessário, como servos humildes e dispostos.

Numerosos textos bíblicos descrevem nosso Senhor Jesus Cristo como estando sentado à direita de Deus Pai (CF. MATEUS 26:64; MARCOS 14:62, 16:19; LUCAS 22:69; ATOS 2:34; EFÉSIOS 1:20; COLOSSENSES 3:1; HEBREUS 1:3, 8:1, 10:12, 12:2). Esses textos nos ensinam que nosso Senhor Jesus Cristo governa com Deus, o Pai. Antes de Sua ascensão ao céu, Jesus prometeu enviar o Espírito Santo, que veio em Pentecostes, e desde então serve como o poder e a força condutora da obra de Deus, como descobrimos em João 14:16-17 e ao longo de Atos dos Apóstolos, de Lucas. Somente Deus se senta e governa. Ao contrário dos padrões de governança cultural, nós nunca governamos! Ficamos de pé para administrar ou supervisionar a obra de Deus, conforme orientados por Deus a partir de Sua posição sentada.

No início deste estudo, mencionamos a primeira parte do discurso de Pedro a "autoridades e líderes do povo" do Sinédrio, em Atos 4:1-10. Poucos textos bíblicos revelam tão bem que a obra de Deus não pode ser governada por conselhos humanos como os versículos que se seguem, de Atos 4:11-21.

Este Jesus é 'a pedra que vocês, construtores, rejeitaram, e que se tornou a pedra angular'. Não há salvação em nenhum outro, pois, debaixo do céu não há nenhum outro nome dado aos homens pelo qual devamos ser salvos".

Vendo a coragem de Pedro e de João, e percebendo que eram homens comuns e sem instrução, ficaram admirados e reconheceram que eles haviam estado com Jesus. E como podiam ver ali com eles o homem que fora curado, nada podiam dizer contra eles. Assim, ordenaram que se retirassem do Sinédrio e começaram a discutir, perguntando: "Que faremos com esses homens? Todos os que moram em Jerusalém sabem que eles realizaram um milagre notório que não podemos negar. Todavia, para impedir que isso se espalhe ainda mais entre o povo, precisamos adverti-los de que não falem mais com ninguém sobre esse nome".

Então, chamando-os novamente, ordenaram-lhes que não falassem nem ensinassem em nome de Jesus. Mas Pedro e João responderam: "Julguem os senhores mesmos se é justo aos olhos de Deus obedecer aos senhores e não a Deus. Pois não podemos deixar de falar do que vimos e ouvimos". Depois de mais ameaças, eles os deixaram ir. Não tinham como castigá-los, porque todo o povo estava louvando a Deus pelo que acontecera.

Supervisores humanos não podem comandar a obra de Deus, e nunca devem tentar! Esse foi o objetivo infrutífero do Sinédrio e do Conselho de Éfeso no primeiro século. Para ajudar os conselhos administrativos a evitar a inclinação escorregadia de comandar, aconselhamos que tomem tempo para se levantar e ouvir a Palavra, embora não prescrevamos como ou quando fazer isso em cenários de governança.

Que atividades devem preencher a agenda de um conselho administrativo? Enquanto outros estudos respondem a essa pergunta a partir de uma perspectiva técnica mais ampla, sugerimos que os supervisores das igrejas e de ministérios cristocêntricos priorizem o tempo para ficar de pé e ouvir a leitura da Escritura. Deem margem para momentos de silêncio também, para sintonizar com a ainda pequena voz do Espírito Santo.

Essas práticas espirituais, claro, devem estar associadas a elementos padrão de agenda da diretoria, como aprovação de atas, assuntos para discussão ou decisão, relatórios administrativos e outros itens. Isso pode parecer impossível para os conselhos que se reúnem com pouca frequência ou têm agendas completas; no entanto, muitos supervisores nos informaram que incluir tempo para as Escrituras e para o silêncio os orienta em suas tarefas restantes.

Para saber mais sobre o aspecto de escuta desse segundo componente da mentalidade do conselho, fazemos bem em olhar a epístola escrita pelo próprio chefe do Conselho de Jerusalém, Tiago. Ele era conhecido como "Tiago, o Justo" ou o "meio-irmão de Jesus" e liderou tanto o Conselho de Jerusalém como a Igreja de Jerusalém. Considere seu conselho para nós em Tiago 1:19-25.

Meus amados irmãos, tenham isto em mente: Sejam todos prontos para ouvir, tardios para falar e tardios para irar-se, pois a ira do homem não produz a justiça de Deus. Portanto, livrem-se de toda impureza moral

> *e da maldade que prevalece, e aceitem humildemente a palavra implantada em vocês, a qual é poderosa para salvá-los.*
>
> *Sejam praticantes da palavra, e não apenas ouvintes, enganando-se a si mesmos. Aquele que ouve a palavra, mas não a põe em prática, é semelhante a um homem que olha a sua face num espelho e, depois de olhar para si mesmo, sai e logo esquece a sua aparência. Mas o homem que observa atentamente a lei perfeita que traz a liberdade, e persevera na prática dessa lei, não esquecendo o que ouviu, mas praticando-o, será feliz naquilo que fizer.*

Em suas próprias palavras, Tiago nos lembra de sermos rápidos para ouvir uns aos outros e vagarosos para falar. Devemos também ouvir a Palavra de Deus e ter certeza de fazer o que ela diz. Note que ele nos exorta a fazer isso repetidamente, pois podemos esquecer.

Quando alinhamos nossa mentalidade e práticas de governança com a dos conselhos exemplares do registro bíblico, e aplicamos o que ouvimos repetidamente, encontramos liberdade e bênção. Quando seguimos a recomendação de um chefe respeitável nas Escrituras, nossa supervisão se fortalece ainda mais.

Como os conselhos administrativos podem evitar a armadilha de comandar e controlar? Os conselhos fariam bem em elaborar uma lista de verificação. Descrever as responsabilidades legais para gestão, assim como relatórios que os administradores devem compilar para os credores, escritórios denominacionais ou outros grupos relacionados. Além disso, os conselhos devem avaliar sua governança regularmente, talvez com uma combinação de processos de autoavaliação e auxílio de consultores externos. A avaliação do pessoal examina formas de responsabilizar os administradores por atividades fiéis que eles possam relatar, e não desfechos ou resultados que estejam fora do controle humano.

Aconselhamos a avaliação em cinco áreas para garantir que a supervisão evite "o caminho comum", no qual os conselhos tendem a dominar e controlar e que permaneça no "caminho do reino" para ajudar os conselhos a governarem fielmente[17]. Esse gráfico ilustra os dois caminhos[18].

CAMINHO COMUM	CAMINHO DO REINO
Liderança orientada para produção	Liderança de mordomo
Estratégias focadas em expansão	Estratégias focadas em fidelidade
Métricas orientadas para a Terra	Métricas orientadas para a eternidade
Gestão baseada em resultados	Gestão baseada em relacionamentos
Visão utilitária dos recursos	Visão de mordomia dos recursos

Conselhos administrativos que buscam líderes orientados para produção adotam estratégias focadas em expansão, medem o sucesso com base em métricas orientadas para questões terrenas e gerenciam as pessoas com base nos resultados, com uma visão utilitária dos recursos, que tende a levá-los a dominar e a controlar em vez de governar. Infelizmente, eles também acabam escravos do dinheiro, pois esse surge como o único poder que eles descobrem que precisam para fazer crescer seu império terrestre.

Alternativamente, os conselhos administrativos que valorizam a liderança de mordomo, empregam estratégias focadas em fidelidade, usam métricas orientadas para a eternidade para medir o sucesso e adotam uma abordagem de gestão baseada em relacionamentos, com uma visão de mordomia de recursos, que tende a governar fielmente a obra de Deus. Ao fazerem isso, sua supervisão contribui para a construção do reino eterno de Deus.

A partir de nosso estudo, acreditamos que o tempo que um conselho administrativo permanece de pé e ouvindo pode representar a parte mais produtiva de seus procedimentos, pois também ajuda os supervisores a preservarem coletivamente a unidade do Espírito.

Adote o padrão de estar de pé e ouvir para evitar a tentação de comandar e controlar, siga sua lista de verificação e avalie sua supervisão tanto internamente como com assistência externa. Isso ajudará seu conselho a se concentrar em governar para Deus, enquanto se mantém no caminho do reino.

3. Abster-se da idolatria ao dinheiro, adotando padrões de mordomia responsável para garantir que as igrejas e organizações cristocêntricas às quais você serve dependam do Espírito Santo e não do dinheiro como o poder do ministério.

Esse terceiro componente da mentalidade bíblica exige abstinência da idolatria ao dinheiro, que prevalece nos conselhos que tentam dominar em vez de governar, como o Sinédrio ou o Conselho de Éfeso. Em termos simples, como esses dois conselhos se sentavam e dominavam, precisavam de dinheiro para fazer as coisas acontecerem. Em vez de contar novamente como esses conselhos evidenciaram o pecado da idolatria ao dinheiro, vamos explicar como os conselhos diretivos podem permanecer livres dele porque "não podemos servir a Deus e ao dinheiro" (MATEUS 6:24; LUCAS 16:13).

A partir de uma perspectiva bíblica, a chave para a sustentabilidade do ministério não é estocar dinheiro, embora isso seja o que os conselheiros seculares sugerem. O ministério é sustentado quando se coloca dinheiro para trabalhar, de forma obediente e fiel, no caminho do reino. Esse é o paradoxo da administração e da governança na abundante economia de Deus. O que retemos nos escraviza no medo, e o que colocamos para trabalhar fielmente tende a produzir mais do que tínhamos antes (CF. MATEUS 25:14-30).

Observamos este padrão desde o início do estabelecimento da igreja primitiva. O Espírito Santo chegou com poder em Pentecostes (ATOS 2:1-13), Pedro pregou um sermão, três mil almas chegaram à fé (ATOS 2:14-41) e responderam lidando com o dinheiro conforme os ensinamentos radicais de Jesus entregues a eles pelos apóstolos, e o crescimento continuou como subproduto da fidelidade, como Atos 2:42-47 ilustra.

Eles se dedicavam ao ensino dos apóstolos e à comunhão, ao partir do pão e às orações. Todos estavam cheios de temor, e muitas maravilhas e sinais eram feitos pelos apóstolos. Todos os que criam mantinham-se unidos e tinham tudo em comum. Vendendo suas propriedades e bens, distribuíam a cada um conforme a sua necessidade. Todos os dias, continuavam a reunir-se no pátio do templo. Partiam o pão em suas casas, e juntos participavam das refeições, com alegria e sinceridade de coração, louvando a Deus e tendo a simpatia de todo o povo. E o Senhor lhes acrescentava todos os dias os que iam sendo salvos.

Esquemas elaborados com dinheiro não fizeram com que o ministério acontecesse; o Espírito Santo, sim. Deus sustentou e fez crescer a igreja através da obediência do povo às instruções de Jesus, como ensinadas pelos apóstolos. Apesar da feroz perseguição por parte do conselho governante judeu, a igreja floresceu.

Textos como Atos 4:32-37 e 6:1-7 associam a expansão inicial da igreja ao trabalho do Espírito, juntamente com uma administração fiel e um governo atento. Poucos textos, entretanto, ilustram melhor que o dinheiro não é o poder por trás do ministério do que Atos 8:18-24. Nesta cena, Pedro, um supervisor do movimento cristão, repreende Simão, o novo crente rico e ex-feiticeiro, por pensar que o dinheiro poderia comprar o poder do ministério.

Vendo Simão que o Espírito era dado com a imposição das mãos dos apóstolos, ofereceu-lhes dinheiro e disse: "Deem-me também este poder, para que a pessoa sobre quem eu impuser as mãos receba o Espírito Santo".
Pedro respondeu: "Pereça com você o seu dinheiro! Você pensa que pode comprar o dom de Deus com dinheiro? Você não tem parte nem direito algum neste ministério, porque o seu coração não é reto diante de Deus. Arrependa-se dessa maldade e ore ao Senhor. Talvez ele lhe perdoe tal pensamento do seu coração, pois vejo que você está cheio de amargura e preso pelo pecado". Simão, porém, respondeu: "Orem vocês ao Senhor por mim, para que não me aconteça nada do que vocês disseram".

Simão tinha dinheiro e pensava que poderia comprar poder. No mundo antigo, muitos tinham essa visão. Infelizmente, esse pensamento prevalece hoje no mundo secular e às vezes entre os crentes professos em Jesus Cristo. O dinheiro tem poder, portanto, as pessoas com dinheiro que vêm à fé naturalmente pensam que ele pode fazer o ministério acontecer. Muitos conselhos demonstram essa crença.

Quando Simão viu o Espírito Santo, testemunhou um poder maior do que qualquer coisa que já havia visto. Como novo crente, fez sentido para ele pensar que o dinheiro poderia comprar esse poder, mas mostrou que estava cativo do pecado do amor ao dinheiro. Assim, Pedro o repreendeu e o chamou ao arrependimento. Isso reflete um padrão semelhante ao de Jesus quando corrigiu Pedro, repreendendo-o por ver as coisas a partir de um ponto de vista humano em vez de pela perspectiva de Deus (CF. MATEUS 16:23).

Talvez você se lembre de um membro da diretoria que teve a visão humana de que o dinheiro era o poder para o ministério. Se alguém, como o presidente do conselho, repreendeu ou não amavelmente essa pessoa, nós devemos anunciar o perigo de permitir que esse pensamento exista nos conselhos administrativos. Isso coloca tudo em risco! Pode fazer com que igrejas e organizações se afastem da participação de Deus em Seu trabalho para meramente fazerem boas obras com poder humano e recursos financeiros. Tais pessoas têm uma surpresa trágica quando um dia encontram o Senhor (CF. MATEUS 7:21-23).

Como todo o dinheiro pertence a Deus e vem de Deus, administradores fiéis colocam o dinheiro de Deus para trabalhar, a fim de cumprir Seus propósitos. Fazem isso com controles financeiros apropriados. Supervisores lidam com o dinheiro de forma responsável, com ferramentas como orçamentos, relatórios e auditorias.

Quanto dinheiro uma igreja ou ministério deve ter em mãos? Embora isto represente uma pergunta técnica, nós a responderemos porque ela surge com frequência e sentimos que podemos oferecer uma resposta com respaldo bíblico. Recomendamos amplamente três meses de renda como um bom alvo para a "bolsa de dinheiro" (GLŌSSOKOMON EM JOÃO 13:29) ou fundo "comum" (KOINON EM ATOS 2:44; 4:32) porque uma mina (três meses de renda) representou a medida que Jesus usou em uma parábola para sugerir o nível suficiente de recursos financeiros para um administrador servir de modo frutífero (LUCAS 19:11-27).

Em vez de prescrever que cada igreja ou ministério opere com três meses de dinheiro, aconselhamos em termos descritivos o conselho a trabalhar com seus administradores para estabelecer uma meta. Pensamos nesse conselho administrativo considerando a responsabilidade dos supervisores e administradores de não estocarem dinheiro por segurança. Manter o funcionamento com um fundo de três meses em dinheiro permite ao ministério ter um fundo "comum" para cobrir as despesas operacionais e permanecer em um lugar de dependência perpétua de Deus.

Para contornar o problema de forma contínua, sugerimos que cada igreja e organização cristocêntrica siga padrões bíblicos para garantir a fiel administração da obra de Deus. Nos Estados Unidos, sugerimos a adoção dos "Sete Padrões de Administração Responsável do ECFA"™, que se relacionam a questões doutrinárias, governança, supervisão financeira, uso de recursos e cumprimento de leis, transparência, estabelecimento de compensações e transações com partes relacionadas, e mordomia das ofertas voluntárias.[19]

Em todo o mundo, supervisores, pastores, administradores de ministérios, advogados e contadores têm adotado padrões semelhantes para a fiel governança e administração das igrejas e ministérios cristocêntricos[20]. Tais padrões ajudam os supervisores a trabalhar em colaboração com o pessoal da igreja ou do ministério para assegurar a supervisão fiel do trabalho de Deus.

4. Abster-se do orgulho, adotando dinâmicas de oração e jejum diante de Deus, serviço humilde para com os outros e submissão à responsabilidade entre pares para verificar o cumprimento das normas de mordomia responsável.

O quarto e último componente da mentalidade bíblica de governança convida os supervisores a se absterem da inclinação humana ao orgulho, adotando dinâmicas que colocam o corpo administrativo em uma postura de humildade diante de Deus, dos outros e de seus pares, que fazem o trabalho de Deus com eles. Em última análise, esse ponto visa preservar a honra de Deus, pois se o orgulho derruba a diretoria de uma igreja ou ministério cristocêntrico, a reputação de Deus é manchada de forma generalizada diante de um mundo atento.

Jesus foi o modelo de oração e jejum para nós antes de iniciar Seu ministério terrestre (CF. MATEUS 4:1-11; LUCAS 4:1-13). Ele também deu instruções explícitas sobre a oração e o jejum na essência do Sermão da Montanha (CF. MATEUS 6:5-18). É pertinente então que em Antioquia, onde os seguidores de Cristo foram primeiramente rotulados de "cristãos" (ATOS 11:26), os profetas e mestres que ali ministravam se dedicassem à oração e ao jejum, o que resultou no início da expansão da missão cristã. Atos 13:1-3 reflete isto.

> *Na igreja de Antioquia havia profetas e mestres: Barnabé, Simeão, chamado Níger, Lúcio de Cirene, Manaém, que fora criado com Herodes, o tetrarca, e Saulo. Enquanto adoravam ao Senhor e jejuavam, disse o Espírito Santo: "Separem-me Barnabé e Saulo para a obra a que os tenho chamado". Assim, depois de jejuar e orar, impuseram-lhes as mãos e os enviaram.*

De modo semelhante, Paulo e Barnabé nomearam supervisores em Atos 14:23 com oração e jejum. "Paulo e Barnabé designaram-lhes presbíteros em cada igreja; tendo orado e jejuado, eles os encomendaram ao Senhor, em quem haviam confiado."

A oração os posicionou e nos posiciona para receber a orientação de Deus sobre o processo, e o jejum ajuda os servos de Deus a colocar de lado seus próprios desejos ou agendas sobre a decisão ou assunto. O registro bíblico apresenta a oração e o jejum como práticas primárias dos supervisores que buscam o coração de Deus.

Os supervisores também assumem uma postura humilde de serviço em relação aos outros. Fazem isso porque marca a maneira como o Senhor Jesus instruiu os doze a servirem, em Lucas 22:25-27. Esses mesmos doze se tornariam os supervisores da igreja primitiva.

> *Jesus lhes disse: "Os reis das nações dominam sobre elas; e os que exercem autoridade sobre elas são chamados*

benfeitores. Mas, vocês não serão assim. Pelo contrário, o maior entre vocês deverá ser como o mais jovem, e aquele que governa como o que serve. Pois quem é maior: o que está à mesa, ou o que serve? Não é o que está à mesa? Mas eu estou entre vocês como quem serve."

Os supervisores devem evitar seguir o padrão secular de comandar ou dominar as pessoas. Em vez disso, devem servir àqueles confiados aos seus cuidados, seguindo as instruções e o exemplo de Jesus.

Também ouvimos esse conselho dos próprios doze. Por exemplo, Pedro ecoa esse sentimento dizendo: "Sejam todos humildes uns para com os outros" (1 PEDRO 5:5). Esse é um grande conselho daquele que Jesus nomeou para servir como a suprema cadeira da Igreja (CF. MATEUS 16,18)!

Como os conselhos administrativos podem mostrar um serviço humilde? Nós os aconselhamos a olhar atentamente as palavras e ações que comunicam como conselho. Especificamente, esquadrinhem as percepções que se formam na mente das pessoas a quem servem. Comecem examinando a linguagem. Retirem toda conversa possessiva como "nossa" igreja ou "nosso" ministério. Isto ajuda a tirar o orgulho da mente e do coração humanos.

Para uma ilustração disso, veja 1 Pedro 5:1-3. Pedro chama os supervisores para servirem voluntariamente o rebanho "de Deus", não para benefício pessoal, mas para o bem do grupo, como exemplos entusiásticos para "o" rebanho. Observe seu cuidado em evitar a linguagem possessiva e a ênfase em oferecer um bom exemplo.

> *Portanto, apelo para os presbíteros que há entre vocês, e o faço na qualidade de presbítero como eles e testemunha dos sofrimentos de Cristo, como alguém que participará da glória a ser revelada: Pastoreiem o rebanho de Deus que está aos seus cuidados. Olhem por ele, não por obrigação, mas de livre vontade, como Deus quer. Não façam isso por ganância, mas com o desejo de servir. Não ajam como dominadores dos que lhes foram confiados, mas como exemplos para o rebanho.*

Da mesma forma, Paulo também testemunha servir com humildade, seguindo a liderança do Espírito. Ele apresenta esse padrão explicitamente em suas observações aos supervisores da igreja em Éfeso, quando os despede (aproximadamente em 54 d.C.) em Atos 20:17-22. Sem dúvida, ele quer que sigam seu exemplo após sua partida.

> *De Mileto, Paulo mandou chamar os presbíteros da igreja de Éfeso. Quando chegaram, ele lhes disse: "Vocês sabem como vivi todo o tempo em que estive com vocês, desde o primeiro dia em que cheguei à província da Ásia. Servi ao Senhor com toda a humildade e com lágrimas, sendo severamente provado pelas conspirações dos judeus. Vocês sabem que não deixei de pregar-lhes nada que fosse proveitoso, mas ensinei-lhes tudo publicamente e de casa em casa. Testifiquei, tanto a judeus como a gregos, que eles precisam converter-se a Deus com arrependimento e fé em nosso Senhor Jesus. Agora, compelido pelo Espírito, estou indo para Jerusalém, sem saber o que me acontecerá ali."*

O aspecto final desse quarto componente sobre abster-se do orgulho é a responsabilidade entre pares. A responsabilidade entre pares celebra o fato de que todas as igrejas cristocêntricas se reúnem como Igreja de Deus, e todos os ministérios cristocêntricos trabalham coletivamente fazendo o trabalho de Deus; por isso, seria bom que se responsabilizassem mutuamente para seguir padrões de administração responsável, de modo a preservar a honra e a reputação de Deus.

A responsabilidade entre pares toma forma nos Estados Unidos quando os administradores diretos do conselho solicitam credenciamento junto a um grupo, como o ECFA. Essa ação posiciona a organização a se submeter a um processo que verifica a conformidade com os padrões que professa seguir. As igrejas e ministérios cristocêntricos nos Estados Unidos que cumprem as "Sete Padrões de Administração Responsável" do ECFA™ podem apor o selo ECFA em seus materiais.

Por que apor um selo? O ECFA e grupos similares de responsabilidade entre pares, em nações ao redor do mundo, colocam um selo seguindo o exemplo do apóstolo Paulo. Ele empregou uma prática cultural de usar um selo para conferir credibilidade no manuseio de ofertas de caridade e para certificar a integridade do processo de coleta. Ele relata o uso do selo em Romanos 15:25–29 (TB).

...mas, agora, vou a Jerusalém a serviço dos santos. Pois aprouve à Macedônia e à Acaia fazer uma contribuição para os pobres dentre os santos que estão em Jerusalém. Aprouve-lhes fazer isso, e lhes são devedores; porque, se os gentios têm sido participantes das coisas espirituais dos judeus, devem também servir a estes nas coisas

materiais. Tendo, pois, concluído isso e havendo-lhes posto o meu selo nesse fruto, irei à Espanha, passando por vós; e sei que, quando for ter convosco, irei na plenitude da bênção de Cristo.

Quando igrejas e organizações cristocêntricas ouvem humildemente os conselhos externos, se envolvem no aprendizado colaborativo entre pares, se submetem voluntariamente à responsabilidade entre pares e demonstram o cumprimento das normas por meio da aposição de um selo, isso aumenta a credibilidade e gera confiança para que as pessoas participem do trabalho de Deus. Isso se aplica globalmente, porque essas atividades seguem o projeto de Deus para a administração e governança.

Mais importante ainda, essas ações protegem as igrejas e as organizações cristocêntricas de permitir que o orgulho derrube o que Deus estabeleceu em seu meio pelo poder do Espírito Santo. Lembre-se de que evitar a armadilha do orgulho é tomar grandes precauções para preservar a honra e a reputação de Deus.

Resumo

Quatro declarações se juntam para formar uma mentalidade bíblica para a governança do conselho. Nós a apresentamos de forma descritiva para ajudar os conselhos a se absterem das ciladas do Sinédrio e das armadilhas do Conselho de Éfeso. Nossa sugestão é que as diretorias farão bem em adotar padrões que reflitam as características do Conselho de Moisés e do Conselho de Jerusalém, já que as Escrituras retratam esses conselhos como exemplares. Incluímos aqui novamente os quatro componentes para você revisar.

1. Abstenha-se de permitir que a riqueza, status e/ou linhagem sirvam como fatores orientadores para a seleção de supervisores, adotando um processo de seleção que dê prioridade à maturidade cristã e aos dons administrativos sobre outros critérios de candidatos.

2. Abstenha-se da tendência de comandar ou controlar igrejas e organizações cristocêntricas a partir de uma postura sentada, adotando uma prática de ficar de pé e ouvir a leitura das Escrituras, como um lembrete, em cada reunião, para governar sob a ordenança de Deus.

3. Abstenha-se da idolatria ao dinheiro, adotando padrões de administração responsável para garantir que as igrejas e organizações cristocêntricas às quais você serve dependam do Espírito Santo e não do dinheiro como o poder do ministério.

4. Abstenha-se do orgulho, adotando dinâmicas de oração e jejum diante de Deus, serviço humilde para com os outros e submissão à responsabilidade entre pares para verificar o cumprimento de padrões de mordomia responsável.

Capítulo 6

Modelo: manutenção de mentalidade bíblica na Governança do Conselho

> *Os apóstolos evidenciaram sua convicção de que o Espírito Santo está presente nos conselhos gerais, quando publicaram seus decretos com esta fórmula,* Visum est Spiritui Sancto et nobis *(pareceu bem ao Santo [Espírito] e a nós), no Conselho [...] realizado em Jerusalém.*[21]
>
> CHARLES JOSEPH HEFELE

Os conselhos posteriores ao Conselho de Jerusalém identificaram uma "fórmula" específica (ou, como preferimos, "modelo") para manter o Espírito Santo no controle. Essa fórmula ou modelo demonstra o desejo de seguir o exemplo do Conselho de Jerusalém nas Escrituras: "Pareceu bem ao Espírito Santo e a nós" (ATOS 15:28).

Com base em nossas pesquisas bíblicas e históricas, juntamente com a discussão dos componentes dessa mentalidade com vários supervisores, acreditamos que tal estrutura ou modelo é necessário para ajudar os conselhos a aplicarem essa mentalidade bíblica. Esse modelo deve ser entendido como simples, mas não simplista. Qualquer órgão de governo pode usá-lo, mas não necessariamente tornará o árduo trabalho da governança mais fácil. No entanto, ajudará os supervisores a manterem a mentalidade bíblica.

Acreditamos que nenhum conselho administrativo de uma igreja ou ministério cristocêntrico quer tornar-se um estudo de caso de desastre. Nenhum desses conselhos quer que o histórico de sua supervisão relate como eles passaram de governantes como o Conselho de Moisés a dominadores e controladores como o Sinédrio, para manter seu lugar na sociedade. A verdade é que isso poderia acontecer com qualquer conselho. Da mesma forma, nenhum conselho quer passar de governar como o Conselho de Jerusalém para permitir que a ganância guie decisões como o Conselho de Éfeso. Mais uma vez, isso poderia acontecer com qualquer conselho.

Considere esse modelo como um conjunto de grades de proteção para ajudar sua diretoria a manter a mentalidade bíblica. Pense nele como uma estrutura ou modelo para manter o Espírito Santo no comando.

As quatro disciplinas do modelo de Conselho

A oração diária nos leva à oração de salmos, à reflexão sobre uma leitura das Escrituras, à contemplação silenciosa, a orações de ação de graças, à intercessão e à súplica. Desde os tempos antigos, tem sido uma disciplina que enriquece a vida de fé. Ao manter essa disciplina, nos enriquecemos ao saber que estamos unidos a outros em oração, que nossas vidas espirituais se aprofundam, e nos fortalecemos para perseverar na fé diante do secularismo invasivo que nos cerca.[22] HAROLD M. DANIELS

Essa seção tem por objetivo estabelecer um modelo com quatro disciplinas que preferimos descrever como formativas, em vez de prescritivas. Pense nessas quatro práticas como dinâmicas descritivas que podem transformar os supervisores, em vez de comportamentos prescritivos que produzem resultados. Quando aplicado, encontramos esse modelo que ajuda supervisores a manterem uma mentalidade bíblica de governança.

O modelo de conselho inclui quatro disciplinas ou práticas: Escrituras, Silêncio, Compartilhamento e Súplica. Sugerimos que os conselhos reservem tempo específico para as quatro práticas em cada reunião ou em um horário fixo a cada ano, quando o conselho se reúne para uma reunião mais longa, tal como um retiro. Recomendamos que você comece com os textos do registro bíblico que registram os quatro conselhos, em quatro sessões separadas: Números 11; João 11:47-50; Atos 19:23-41; e Atos 15. A partir daí, os conselhos administrativos fariam bem em escolher textos bíblicos que se relacionem com tópicos que eles queiram discutir em futuras reuniões.

Seja em sessões regulares do conselho ou em espaços de retiros mais longos, esse modelo ajuda os conselhos de igrejas cristocêntricas e organizações sem fins lucrativos a se sintonizarem com Deus como grupo. Cada uma dessas quatro disciplinas posiciona supervisores e conselhos para governarem espiritualmente em uma sociedade cada vez mais secular.

1. Escrituras

Os membros da diretoria com os quais discutimos esse modelo relataram a prática de ter um devocional no início de cada reunião. Ouvimos amplamente essa resposta.

Sugerimos que tal leitura devocional deveria representar o uso mínimo das Escrituras pela diretoria de uma igreja ou ministério cristocêntrico. Dizemos isto porque, em um ambiente de reunião sem as Escrituras, os supervisores poderiam mudar seu pensamento de "a Bíblia" para "os negócios em mãos" e, ao fazê-lo, mudar de governar para dominar, e incorporar o perigo de esquecer por completo que governam a obra de Deus.

Alguns conselhos se enriquecem com a leitura dos Salmos em várias etapas da reunião. A maneira como os Evangelhos retratam Jesus ilustra que Ele provavelmente orou os Salmos (CF. MARCOS 14:26 E SALMOS 113-118; MARCOS 15:34 E SALMO 22:1; LUCAS 23:46 E SALMO 31:5). Os conselhos administrativos fariam bem em orá-los também, para que a profunda relação com Deus Pai que vemos em Jesus e que vemos em Davi, Moisés, e os outros autores de Salmos, cresça em nossos corações como supervisores. Em retiros mais longos, alguns podem escolher orar os Salmos nas horas divinas[23].

Para temas construtivos como o desenvolvimento da diretoria, novamente, talvez seja bom começar com textos como Números 11; João 11:47-50; Atos 19:23-41; e Atos 15, e passar para outras passagens bíblicas que mencionamos neste livro, tais como Esdras 7-10. Se a diretoria de uma igreja ou ministério cristocêntrico for a uma reunião enfrentando um problema ou desafio, aconselhamos a ficar de pé e ouvir o que a Bíblia diz sobre o assunto. Oferecemos essa recomendação porque as Escrituras nos ensinam como pensar, como não pensar, como não viver, e como viver, como 2 Timóteo 3:16-17 declara.

Toda a Escritura é inspirada por Deus e útil para o ensino, para a repreensão, para a correção e para a instrução na justiça, para que o homem de Deus seja apto e plenamente preparado para toda boa obra.

Os supervisores fazem bem em crescer juntos em seu conhecimento das Escrituras. Ficar de pé e as ler em voz alta para ajudar sua diretoria a governar com "conhecimento e compreensão" (JEREMIAS 3:15). O povo ficou de pé quando Esdras leu a Palavra de Deus, e Jesus também seguiu esse padrão de pé (CF. NEEMIAS 8:5; LUCAS 4:16).

O Conselho de Moisés ficou de pé e ouviu o Senhor na tenda do encontro para orientar seu serviço de ordenança. Da mesma forma, o Conselho de Jerusalém encontrou a chave para resolver a aguda disputa, ao ouvir juntos as Escrituras.

2. Silêncio

Fique quieto. Isso pode ser difícil para os conselhos administrativos; entretanto, quando compartilhamos esse modelo bíblico com supervisores para testar as ideias aqui contidas, muitos acolheram favoravelmente a prática de reservar tempo para longos períodos de silêncio. Para alguns, isso se revelou como uma prática externa que eles sentiram que poderia realmente agregar valor. Considere essa explicação sobre a importância do silêncio, de Richard Foster. Observe como ele nos liberta de nossas tendências humanas.

O silêncio nos liberta da necessidade de controlar os outros. Uma razão que dificilmente podemos suportar para permanecer em silêncio é que ele nos faz sentir muito desamparados. Estamos muito acostumados a confiar em palavras para administrar e controlar os outros. Um fluxo frenético de palavras flui de nós, numa tentativa de endireitar os outros. Queremos tão desesperadamente que eles concordem conosco, que vejam as coisas do nosso jeito. Avaliamos pessoas, julgamos pessoas, condenamos pessoas. Devoramos pessoas com nossas palavras. O silêncio é uma das disciplinas mais profundas do Espírito, porque ele coloca uma tampa sobre isso [24].

Jesus materializou essa disciplina para nós ouvirmos do Pai (CF. MATEUS 14:13; MARCOS 1:35). Alguns conselhos administrativos com as quais trabalhamos tomaram tempo para que o silêncio fosse ouvido na expectativa de que o Espírito falasse. Esses conselhos compartilharam histórias surpreendentes de como Deus trabalhou e guiou o grupo.

Os conselhos que reservaram tempo para "ficar quieto" em silêncio também testemunharam que Deus guiou processos de direção estratégica e, ao fazê-lo, os transformou em experiências de discernimento espiritual (SALMO 46:10). O silêncio ajuda a reunir as pessoas em unidade e também as posiciona para discernir com clareza a direção que Deus deseja para elas. Muitos conselhos combinam o silêncio com a postura de pé para se sintonizarem com o Espírito Santo em uma postura de submissão.

Numerosos conselhos que servem igrejas cristocêntricas ou organizações sem fins lucrativos que têm uma localização física relatam que fazem caminhadas de oração em silêncio para ouvir o Espírito falar sobre várias facetas do ministério. Retiros silenciosos também surgem em discussões como uma prática para discernir a direção do Espírito. Outro exemplo poderia ser que cada membro da diretoria agendasse uma quantidade de tempo diário entre as reuniões da diretoria para sintonizar com o Espírito. Ouça essas ideias como exemplos descritivos de maneiras práticas nas quais os supervisores podem posicionar-se para discernir a direção, tanto coletiva como individualmente.

Admitimos que essas ideias pressupõem que os supervisores acreditam que Deus ainda hoje fala aos corações, se eles se sintonizam com Sua voz. Acreditamos que a disciplina do silêncio, seja durante as reuniões ou fora das sessões de governança, ajuda os supervisores a discernirem a agenda de Deus, em vez de desejarem forçar algum conjunto de planos humanos.

3. Compartilhamento
Particularmente no relato do Conselho de Jerusalém, vemos que cada pessoa do corpo administrativo tem uma voz. Nenhum supervisor é considerado mais importante que os outros. Isso se ajusta com a forma como podemos esperar que igrejas e ministérios cristocêntricos operem, mas muitos conselhos simplesmente não criam espaço para compartilhamento aberto com base na estrutura e fluxo das agendas. Muitas vezes o presidente do conselho e os presidentes dos comitês assumem a maior parte das conversas.

Diretorias que testaram esse modelo de conselho relataram que Deus forneceu clareza sobre tópicos complexos que poderiam ter sido controversos. Ele trouxe unicidade sobre itens da agenda que poderiam ter levado muito tempo para serem discutidos, tecendo os corações dos membros da diretoria no tempo gasto na leitura das Escrituras e depois através do silêncio e do compartilhamento. Em outras palavras, os supervisores indicaram que ouviram outros dizerem o que Deus parecia estar agitando em seus próprios corações. Como os supervisores tinham como objetivo escutar a Deus e aos outros, eles disseram que, na verdade, falavam menos, o que criou uma margem para todos compartilharem conforme se sentiam liderados (CF. TIAGO 1:19).

Há inevitavelmente momentos em que escutar em silêncio pode resultar na percepção de ouvir "nada" de Deus. Conselhos relatam que, nesses momentos, a prática de combinar discussões do comitê com o compartilhamento aberto os ajudou a resolver coletivamente orar e esperar pelo Senhor em vez de se sentirem pressionadas a discutir imediatamente uma solução. Nesses momentos, esperem juntos no Senhor e talvez leiam textos como o Salmo 27, em voz alta.

Enquanto você espera no Senhor, inclua tempo para o compartilhamento aberto. Derramem seus corações a Deus como um corpo governante. Esse trabalho coletivo transforma a diretoria e pode contribuir para um derramamento do Espírito Santo, como Billy Graham observou.

> Antes de três mil pessoas serem levadas à Igreja no dia de Pentecostes, os discípulos haviam passado cinquenta dias em oração, jejum e trabalho espiritual...

Esse tipo de oração pode transpor oceanos, cruzar desertos escaldantes, saltar montanhas e embrenhar-se em selvas para transportar a cura, levando o poder do evangelho aos objetos de nossas orações.

Esse tipo de lamento, essa qualidade de preocupação, se produz pela presença do Espírito de Deus em nossas vidas. Que "o próprio Espírito intercede" indica que, na verdade, é Deus suplicando, orando e lamentando através de nós. Nós nos tornamos co-operadores com Deus, verdadeiros parceiros com Ele: nossas vidas são elevadas do plano baixo do egoísmo para o plano alto da criatividade com Deus.

John Knox perseverou na oração, e a Igreja na Escócia se expandiu para uma nova vida. John Wesley perseverou em oração, e o movimento metodista nasceu. Martinho Lutero perseverou em oração, e a Reforma tomou seu curso.

Se orarmos esse tipo de oração, uma era de paz pode vir ao mundo e hordas de maldade podem ter de retroceder[25].

De forma descritiva, pense em compartilhar dando voz a todos para que a diretoria possa discernir em conjunto a direção de Deus. Em demasiados casos, o compartilhamento em ambientes diretivos se apresenta como poucas pessoas forçando uma agenda. Conselhos que reservam tempo para compartilhar relatam que aprenderam uns com os outros percepções que não esperavam, o que edificou o grupo maior. Em tempos em que supervisores sentem que não ouvem nada de Deus, eles fazem bem em direcionar seu compartilhamento ao céu, em uníssono e com persistência (CF. LUCAS 18:1-8).

4. *Súplica*

Com esse aspecto final do modelo, sugerimos que os conselhos dediquem tempo para levantar petições específicas a Deus, pedindo a Deus que faça o que os humanos não podem fazer. Talvez durante toda a reunião do conselho, alguém possa tomar nota de itens que não podem acontecer sem a ajuda ou intervenção de Deus. Como Hudson Taylor observou, isso representa a fonte de poder para o ministério e a missão.

> Desde os dias de Pentecostes, será que a igreja toda já deixou de lado todos os outros trabalhos e esperou dez dias por Ele, para que o poder do Espírito se manifestasse? Damos demasiada atenção ao método e às máquinas e recursos, e muito pouca à fonte do poder[26].

Para a maioria dos conselhos administrativos, as únicas instâncias de oração são as aberturas e encerramentos de reuniões. Isso dificilmente é suficiente! Os conselhos não podem supervisionar o trabalho de Deus sem destinar tempo prolongado de oração, especialmente quando uma das principais responsabilidades do conselho é assegurar recursos adequados para o cumprimento da missão. Lembre-se, Deus, e não qualquer agente humano, é o Provedor desses recursos. Portanto, os bons governantes encarregam administradores do fiel trabalho de convidar pessoas para participarem da obra de Deus enquanto clamam a Deus para que as forneça. Como diz o ditado, trabalham como se tudo dependesse deles e oram porque tudo depende de Deus.

Além disso, membros de conselhos fariam bem em adotar a perspectiva de Adoniram Judson quando se trata de garantir recursos adequados para a igreja ou organização cristocêntrica. "É verdade que podemos desejar muito mais. Mas vamos usar o que temos, e Deus nos dará mais".[27]

Uma vez mais, a administração humana se concentra em pedir apoio para o trabalho de Deus e colocar para produzir tudo o que Deus fornece. A partir daí, nossa súplica inclui levantar em oração tudo o que achamos que precisamos de Deus, com pedidos específicos. Supervisores e administradores fiéis também não fazem isso sozinhos; eles mobilizam os membros para se unirem a eles em súplica.

O apóstolo Paulo nos exorta nesse sentido em Filipenses 4:6-7. A súplica ou "oração e petição com ação de graças" guia os conselhos para longe das preocupações, a uma paz inimaginável. Por meio da prática da súplica, posicionamos a diretoria, a equipe e todos os integrantes servidos pela organização com os quais nos reunimos para orar conosco e experimentar a paz incompreensível de Deus.

Não andem ansiosos por coisa alguma, mas em tudo, pela oração e súplicas, e com ação de graças, apresentem seus pedidos a Deus. E a paz de Deus, que excede todo o entendimento, guardará os seus corações e as suas mentes em Cristo Jesus.

Resumo

Podemos rastrear que os conselhos da igreja primitiva seguiram uma fórmula para manter o Espírito Santo no comando.

Sugerimos que ela inclua pelo menos quatro disciplinas formativas que, se aplicadas, podem ajudar os conselhos a governarem com uma mentalidade bíblica: *Escrituras, silêncio, compartilhamento e súplica.* As diretorias de igrejas e ministérios cristocêntricos que adotam essas práticas espirituais podem, ao fazê-lo, disciplinar-se para se submeterem ao Espírito Santo e governarem como aquelas exemplificadas nas Escrituras em um mundo cada vez mais secular.

Capítulo 7

Mapa: volte para Arles e faça perguntas difíceis

A simples adoção de um modelo corporativo ou de um modelo corporativo modificado de governança não resultará no desenvolvimento de organizações cristãs saudáveis... é necessária uma nova estrutura, desenvolvida especificamente para o setor cristão sem fins lucrativos...[28]

DAVID BARTLETT E PAUL CAMPEY

A mentalidade de conselho dá aos supervisores uma nova estrutura para pensar biblicamente sobre governança. O modelo de conselho fornece disciplinas para manter esta perspectiva em igrejas e ministérios cristocêntricos. Mas tudo isso deve ser posto em prática! Depois de ler até aqui no livro, você pode estar perguntando-se: "Para onde devo ir a partir daqui?" Você quer um mapa de categorias.

Como supervisores e conselhos se encontram em diferentes pontos de partida, oramos e raciocinamos longamente sobre a melhor maneira de apontar o caminho. Para ajudar seu conselho a governar de acordo com a perspectiva bíblica apresentada neste livro, nós o encorajamos a fazer duas coisas a partir daqui: voltar a Arles e fazer perguntas difíceis (vinte delas). E, para aqueles que querem se aprofundar, aproveitem o guia de estudos que se encontra neste livro.

Volte para Arles

Para o mesmo efeito, [o Conselho de] Arles, no ano 314, se expressou: "Pareceu bom, portanto, na presença do Espírito Santo e de Seus anjos" (*Placuit ergo, præsente Spiritu Sancto et angelis ejus*).[29]

JOHN HARDOUIN

Há uma razão importante pela qual sugerimos que você retorne a Arles, simbolicamente falando, a fim de encontrar seu caminho. Mas antes, considere esse cenário para colocar nossa exortação em contexto.

Sabíamos desde o início da redação deste livro que o *Terraço do café à noite*, de Vincent van Gogh, pintado em Arles, França (1888), serviria como a imagem de capa perfeita. Olhe atentamente para o café para ver se você pode descobrir por que o escolhemos. Nosso Senhor Jesus Cristo aparece como a figura central à luz do café em pé a serviço dos discípulos e materializando a postura de serviço para futuros supervisores como nós[30]. Escolhemos essa pintura porque ela ilustra a mensagem deste livro. O que não sabíamos, entretanto, era a conexão mística que o conteúdo deste livro teria com Arles!

Na pesquisa acima mencionada, de Charles Joseph Hefele e John Hardouin, sobre os conselhos da igreja primitiva, cada conselho parece ter seguido a mesma fórmula para governar sob o governo do Espírito Santo até o conselho de Arles em 314 d.C. Depois disso, entretanto, o tom da evidência revela que os conselhos sob Constantino, o Grande, e posteriores parecem ter mudado de governar para dominar. Nada bom!

Assim, em certo sentido, este livro serve como uma chamada de esclarecimento a supervisores de todos os lugares para retornar a Arles e adotar a perspectiva daquele conselho, e dos conselhos que o precederam, seguindo até o Conselho de Jerusalém de Atos 15 e o Conselho de Moisés de Números 11. Voltar a Arles é resolver governar o caminho de Deus reconhecendo o Espírito Santo, e não a nós mesmos, como líder e força orientadora do ministério. A partir daí, praticamos disciplinas coletivamente, como descrito neste livro, para que "andemos pelo Espírito" (GÁLATAS 5:16-26). Tais dinâmicas nos ajudam a garantir que nossos conselhos administrativos governem em submissão à ordenança de Deus. Em perpetuidade, aparecemos como servos humildes e de pé, seguindo o exemplo de nosso Senhor Jesus Cristo.

Quando você retornar a Arles, sente-se lá um pouco. Levou tempo para que as ideias dos originais deste livro tomassem forma em nossos corações, mentes e, finalmente, no papel. Foram necessários pesquisa, testes e numerosas reuniões. Reunimo-nos em ambientes de café, em chamadas telefônicas e em conferências para discuti-lo. Assim, quando olhamos para o *Terraço do café à noite*, lembramo-nos dessas reuniões e reconhecemos que este livro acabou sendo reunido apenas porque nosso Senhor Jesus Cristo ajudou a iluminar o caminho para nós.

Da mesma forma, oramos para que a perspectiva bíblica exposta neste livro ilumine sua governança. Tantas vezes em nosso governo, podemos sentir que estamos perdidos ou vagando na escuridão, como os personagens indo em direções diferentes no lado direito do quadro. Sempre que você se sentir assim, caminhe em direção à luz. Sente-se conosco no café! Oramos para que este livro renove a todos que o leem, como uma boa xícara de café ou chá. No *Terraço do café à noite*, podemos aprender junto com os discípulos, que parecem rodear nosso Senhor Jesus Cristo.

Talvez você coloque esse quadro na parede de seu escritório ou sala de reuniões para lembrá-lo de governar de acordo com o desígnio de Deus. Sem dúvida, você pode adquirir uma impressão por um custo mínimo. Mas não pare por aí! Faça perguntas difíceis de si mesmo e de seu conselho.

Faça perguntas difíceis

Em submissão ao Espírito Santo, recomendamos que você use essas vinte perguntas para ajudar você e seus companheiros supervisores a se alinharem coletivamente como um conselho com a perspectiva bíblica aqui delineada. Passe por elas em uma longa reunião do conselho ou em muitas reuniões. Faça algum esforço nesse processo. Você só conseguirá tirar dele o que colocar nele.

Em conselhos menores, o presidente do conselho pode optar por trabalhar em todas as questões, ou em conselhos maiores, diferentes questões podem ser designadas a vários supervisores. De qualquer forma, certifique-se de interagir com outros supervisores e com os administradores do ministério para localizar respostas honestas e, em seguida, informe em uma reunião ou retiro posterior. A maioria dos conselhos considera que eles são fortes em algumas áreas e têm espaço para melhorias em outras.

Por uma questão de coerência, usamos termos específicos nessas questões que apareceram ao longo deste livro. "Conselho" refere-se ao conselho administrativo, "supervisor" refere-se a cada membro do conselho, "ministério" aponta para a igreja cristocêntrica ou organização sem fins lucrativos em vista, e "administrador" ou "administração" refere-se ao administrador individual ou à equipe que gerencia as operações diárias do ministério.

Aqui estão as vinte perguntas. Você também pode apresentar outras. Nós as oferecemos como uma espécie de mapa para ajudá-lo a discernir com o Espírito Santo para onde ir a partir daqui.

1. Como o conselho e a administração demonstram e comunicam que cada um deles é mordomo e não proprietário e que Deus é o único proprietário do ministério?

2. Que ações intencionais podem ser tomadas tanto pelo conselho como pela administração para ajudar os integrantes do ministério a confiar na abundante provisão de Deus?

3. O conselho e a administração podem produzir uma lista de práticas fiéis que garantam que o ministério faça o que é certo diante de Deus em seu setor no trabalho de Deus?

4. Como o conselho e a administração dão poder à equipe do ministério para se engajar no trabalho de Deus pela graça e demonstrar que confiam em Deus para obter resultados na fé?

5. Que assuntos específicos de mordomia bíblica o conselho e a administração atendem, de forma regular, para assegurar que preservam a honra de Deus tanto no que fazem como na forma em que o fazem?

6. O ministério manteve ou aderiu a uma certificação com um grupo de responsabilidade entre pares para verificar a conformidade que honra a Deus, com padrões de mordomia responsável, que cumpre a legislação e se baseia na Bíblia?

7. Que práticas o conselho e a administração implementaram para manter a obediência a Deus como um filtro chave para tomada de decisões e gestão de riscos?

8. Que métricas qualitativas ligadas às atividades ministeriais o conselho e a administração utilizam para mostrar que seus esforços visam expandir o reino de Deus, em vez de meramente cultivar um reino terreno?

9. Que ilustrações ou aplicações específicas revelam que o conselho governa e serve como um corpo cristocêntrico e não como um grupo de dirigentes controlando um negócio?

10. Como o conselho e a administração se alimentam da Palavra de Deus e a utilizam como um filtro para tomar decisões e encontrar respostas diante das dificuldades?

11. Que atividades de supervisão espiritual o conselho adota e com as quais a administração se engaja para discernir a direção do Espírito Santo, incluindo ter margem para o silêncio e o ouvir?

12. Que ações o conselho e a administração tomam para preservar a unidade do Espírito e o vínculo de paz uns com os outros e com o pessoal do ministério e com os integrantes?

13. Que medidas práticas o conselho e a administração adotam para promover mudanças e assegurar que o ministério esteja trabalhando onde Deus está trabalhando?

14. Que atividades e frutos fiéis o conselho e a administração celebram com a equipe para inspirar um serviço frutífero contínuo?

15. O conselho tem um processo de seleção que prioriza candidatos para o papel de supervisor com base na maturidade cristã e em dons administrativos e que protege contra esquemas e exploração?

16. A composição do conselho reflete a diversidade e os valores do ministério cristocêntrico?

17. O conselho avalia seus membros para que eles deem o exemplo na fala e na conduta, para que demonstrem o amor de Deus e valorizem aqueles a quem servem?

18. Que atividades práticas ajudam o conselho a assumir uma postura de pé e não sentada na governança para que estejam posicionados para compartilhar encargos e servir humildemente?

19. Como os membros do ministério podem ver e se aproximar visivelmente do conselho e da administração, de

modo que permaneçam conectados uns com os outros na realização da obra de Deus?

20. Como os supervisores e os administradores são encorajados a doar alegremente, servir sacrificialmente e orar fielmente como modelos de participação na obra de Deus?

Esperamos que estas questões suscitem uma rica discussão e ajudem a apontar o caminho para os conselhos em todo o mundo.

Lembre-se de começar sua jornada em Arles. Aprenda onde os conselhos exemplares do registro bíblico e histórico pararam. Governe em submissão ao Espírito Santo e faça perguntas difíceis para discernir a direção. Alinhe sua perspectiva e suas práticas com o desígnio de Deus para governança.

Oramos para que sua supervisão reflita a postura de nosso Senhor Jesus Cristo, e que o Espírito Santo conduza e guie seu conselho para a Glória de Deus.

Guia de estudos

> *Todos nós queremos progresso. Mas progresso significa chegar mais perto do lugar onde você quer estar. E se você fez uma curva errada, então avançar não o aproxima mais. Se você estiver no caminho errado, progresso significa fazer uma volta e voltar para o caminho certo; nesse caso, o homem que faz o retorno mais rápido é o mais progressista.*[31] C. S. LEWIS

Este guia de estudo procura ajudar os leitores a processarem mais profundamente o material bíblico junto com nosso conteúdo. Convidamos você a ler cada capítulo, explorar questões para discussão, meditar sobre as Escrituras relacionadas, orar sobre como o Espírito de Deus pode estar guiando você e agir em obediência, respondendo ao conteúdo.

Capítulo 1

Leia: Capítulo 1 – O Conselho de Moisés

Explore: Considere essas declarações e perguntas para discussão.

1. Conte a história de Números 11 com suas próprias palavras.

2. Resuma a frustração de Moisés (11:11-15). Você pode compartilhar sobre uma época em que você se sentiu exasperado da mesma forma?

3. Por que você acha que o Senhor instruiu Moisés a identificar setenta líderes e supervisores que fossem conhecidos por ele (11,16)?

4. Onde os setenta devem reunir-se, em que postura, e por que você acha que o Senhor dá estas diretrizes (11:16-17)?

5. Quando o Espírito apareceu na tenda do encontro e no acampamento, o que a resposta de Josué, em comparação com a de Moisés, nos ensina sobre controle versus governo (11:24-30)?

6. O Senhor ordenou aos setenta que ajudassem Moisés a "ajudar na árdua responsabilidade de conduzir o povo" (11:17). Como poderia ser isso hoje?

7. Como o Conselho de Moisés fornece uma estrutura bíblica fundamental para pensar sobre governança?

Medite: Reflita sobre as Escrituras relacionadas. Êxodo 18:19-23, 24:9-11, 31:1-5; e Deuteronômio 1:9-18.

Ore: Como você sente o Espírito Santo falando com você através da reflexão sobre o Conselho de Moisés e a governança?

Aja: Como o Conselho de Moisés moldará seu pensamento sobre governança desse ponto em diante?

Capítulo 2

Leia: Capítulo 2 – O Conselho judaico no Primeiro Século

Explore: Considere essas declarações e perguntas para discussão.

1. O que significa "Sinédrio"? Compare esse grupo, no tocante a forma e função, com o Conselho de Moisés.

2. Descreva as quatro armadilhas do Sinédrio com suas próprias palavras.

3. Como o processo de seleção para o Conselho Judaico se diferenciou do Conselho de Moisés?

4. Que fatores revelam a mudança do Sinédrio de governar para estar no comando e controlar (JOÃO 11:47-50)?

5. Como um grupo de humanos que comanda em vez de governar cai na armadilha da idolatria ao dinheiro?

6. Como a postura, a linguagem e a proximidade de um conselho governante com aqueles a quem servem refletem o orgulho?

7. Como o Sinédrio fala de nossa perspectiva bíblica para pensar em como não governar?

Medite: Reflita sobre as Escrituras relacionadas. Mateus 21:12-17, 26:57-59; Marcos 11:15-19, 12:38-40, 15:1; Lucas 16:13-15, 19:45-48, 20:47, 22:66; João 2:13-1, 3:1, 18:12-13; Atos 4:5-10, 5:27, 23:1-11; Efésios 5:5; Colossenses 3:5; 1 Timóteo 3:3; Tito 1:7.

Ore: Como você sente o Espírito Santo falando com você através da reflexão sobre o Sinédrio e a governança?

Aja: Como o Sinédrio moldará seu pensamento sobre como não governar tanto agora como no futuro?

Capítulo 3

Leia: Capítulo 3 – Os Conselhos gentios do Mundo Romano

Explore: Considere essas declarações e perguntas para discussão.

1. Reconte a história do Conselho de Éfeso (ATOS 19:23-41).

2. Descreva as quatro ciladas do Conselho de Éfeso com suas próprias palavras.

3. Como Roma moldou a composição de conselhos nas cidades do antigo mundo mediterrâneo?

4. Que fatores deram ao escrivão da cidade poder sobre os efésios, e por que eles acataram sua regra (ATOS 19:35-41)?

5. Como as observações de Demétrio revelam que o dinheiro era um ídolo maior em Éfeso do que Ártemis (ATOS 19:23-27)?

6. De que forma Demétrio, a multidão de Éfeso e o escrivão da cidade refletem o orgulho relacionado à governança nessa história?

7. Como o Conselho de Éfeso fala de nossa perspectiva bíblica para pensar sobre como não governar?

Medite: Reflita sobre as Escrituras relacionadas.
Atos 19:1-22, 23:23-35, 24:1-27.

Ore: Como você sente o Espírito Santo falando com você através da reflexão sobre o Conselho de Éfeso e governança?

Aja: Como o Conselho de Éfeso moldará seu pensamento sobre como não governar tanto agora como no futuro?

Capítulo 4

Leia: Capítulo 4 – O Conselho de Jerusalém em Atos dos Apóstolos

Explore: Considere essas declarações e perguntas para discussão.

1. Descreva o problema que fez o Conselho de Jerusalém se reunir em Atos 15 com suas próprias palavras.

2. Que percepções práticas sobre governança você obtém ao observar como os procedimentos se desenrolaram em Atos 15?

3. Por que você acha que o Conselho de Jerusalém só tinha "apóstolos e presbíteros" (ATOS 15:6)?

4. Que papel as Escrituras desempenharam nos procedimentos do Conselho de Jerusalém, e por que é significativo que Amós tenha sido citado da Septuaginta (ATOS 15:13-21)?

5. Como a decisão do Conselho de Jerusalém mostra que sua disposição de não tentar controlar o trabalho do Espírito Santo, como supervisores, realmente posicionaria a igreja para um crescimento exponencial (ATOS 15:23-29)?

6. Por que você acha que o conteúdo e a entrega da carta do Conselho de Jerusalém promoveriam a unidade?

7. Como o Conselho de Jerusalém enriquece nossa perspectiva bíblica para pensar sobre governança?

Medite: Reflita sobre as Escrituras relacionadas.
Amós 9:11-12 (Septuaginta); Mateus 16:18; Atos 2:1-13, 11:18, 11:26.

Ore: Como você sente o Espírito Santo falando com você através da reflexão sobre o Conselho de Jerusalém e governança?

Aja: Como o Conselho de Jerusalém moldará seu pensamento sobre governança desse ponto em diante?

Capítulo 5

Leia: Capítulo 5 – Mentalidade: uma estrutura bíblica para a Governança de Conselhos

Explore: Considere essas declarações e perguntas para discussão.

1. Com suas próprias palavras, explique porque palavras como "abster-se" e "adotar" fortalecem uma mentalidade bíblica para a governança.

2. Por que é importante que uma mentalidade bíblica sobre governança seja enquadrada de forma descritiva em vez de prescritiva?

3. Que perigos os membros do conselho devem evitar e que passos eles fariam bem em dar em um processo de seleção de candidatos para funções de supervisão?

4. Como a postura de pé e a escuta da leitura das Escrituras moldam a mentalidade dos membros do conselho em relação ao governo e os afastam de dominar e controlar?

5. Como os padrões de mordomia responsável podem ajudar supervisores de igrejas e ministérios cristocêntricos a garantir que os ministérios que eles servem dependam do poder do Espírito Santo em vez do dinheiro para alimentar o trabalho de Deus?

6. Como as dinâmicas de oração e jejum, a avaliação da linguagem e percepções, e a responsabilidade entre pares podem ajudar os supervisores a erradicar o orgulho?

7. Que faceta dessa mentalidade bíblica pode ser mais difícil de ser adotada por um conselho administrativo?

Medite: Reflita sobre as Escrituras relacionadas. Jonas 1:4-7; Mateus 4:1-11, 6:5-18, 24, 7:21-23, 16:18, 23, 16:25:14-30; Lucas 10:1-12, 19:11-27; João 13:29; Atos 1:21-26, 4:11-21, 4:32-37, 6: 1-7, 8:18-24, 13:1-3, 14:23, 15:20; Romanos 15:25-29 (Tradução Brasileira); 1 Coríntios 1:26-31; 1 Timóteo 3:1-7; Tito 1:5-10; Tiago 1:19-25; 1 Pedro 5:1-5.

Ore: Como você sente o Espírito Santo falando com você por meio da reflexão sobre essa mentalidade bíblica?

Aja: Como essa mentalidade bíblica moldará seu pensamento sobre governança desse ponto em diante?

Capítulo 6

Leia: Capítulo 6 – Modelo: manutenção de mentalidade bíblica na Governança do Conselho

Explore: Considere essas declarações e perguntas para discussão

1. O que é significativo no fato de que numerosos conselhos na igreja primitiva após o Conselho de Jerusalém adotaram a "fórmula" de Atos 15:28?

2. Que quatro disciplinas formativas se unem para fornecer um modelo para ajudar os conselhos a manterem uma mentalidade bíblica?

3. Liste vários benefícios que podem chegar aos conselhos e que tornam a leitura da Escritura uma parte fundamental de seus procedimentos regulares.

4. Como sua diretoria poderia incluir tempos prolongados de silêncio para se sintonizar com o Espírito Santo no que diz respeito à governança?

5. O que poderia ser necessário mudar na agenda do seu conselho para que todos tenham voz e permaneçam engajados?

6. Como é a súplica para sua diretoria e o que ela reflete com relação à dependência de Deus?

7. Que disciplina desse modelo bíblico pode ser mais difícil de ser praticada por um conselho administrativo?

Medite: Reflita sobre as Escrituras relacionadas.
Salmo 46:10; Jeremias 3:15; Mateus 14:13; Marcos 1:35; Filipenses 4:6-7; 2 Timóteo 3:16-17; Tiago 1:19.

Ore: Como você sente o Espírito Santo falando com você através da reflexão sobre esse modelo bíblico?

Aja: Como este modelo bíblico moldará suas práticas de governança desse ponto em diante?

Capítulo 7

Leia: Capítulo 7 – Mapa: volte para Arles e faça perguntas difíceis

Explore: Considere essas declarações e perguntas para discussão.

1. Com suas próprias palavras, explique o chamado para "Voltar a Arles" no contexto da governança.

2. Que disciplinas intencionais sua diretoria poderia praticar para demonstrar submissão à liderança e orientação do Espírito Santo?

3. Se você colocar uma cópia da pintura Terraço do Café à Noite na sala do seu conselho, que impacto isso poderia ter na governança do conselho?

4. Com suas próprias palavras, explique o valor e a importância das vinte perguntas difíceis para ajudar as diretorias a se alinharem com uma perspectiva bíblica.

5. Qual das vinte perguntas difíceis pode ser a mais difícil de ser respondida por seu conselho?

6. Qual das vinte perguntas difíceis pode ser a mais difícil de ser respondida por seus administradores?

7. Como você acredita que as exortações de "Voltar a Arles" e "Fazer Perguntas Difíceis" terão impacto no avanço de seu conselho?

Medite: Reflita sobre as Escrituras relacionadas. Salmo 51; Provérbios 28:13; João 5:30; Gálatas 5:16-26; Efésios 4:2; Tiago 4:8-10.

Ore: Como você sente o Espírito Santo falando com você através da reflexão sobre a perspectiva bíblica delineada neste livro?

Aja: Como você ajudará seu conselho a "voltar a Arles" e "fazer perguntas difíceis" desse ponto em diante?

O Conselho

Notas finais

1. Ronald B. Allen, *Expositor's Bible Commentary 2: Numbers*, ed. Frank Gaebelein, (Grand Rapids, MI: Zondervan, 1990), 794.

2. Gordon Wenham *Tyndale Old Testament Commentaries 4: Numbers*, (Downers Grove, IL: IVP Academic, 2008), 122.

3. Dois recursos ampliam brilhantemente este tema fora dos limites deste estudo: R. Scott Rodin. *The Steward Leader: Transforming People, Organizations and Communities* (Downers Grove, IL: IVP Academic, 2010); e Kent R. Wilson, Steward Leadership in the Nonprofit Organization (Downers Grove, IL: IVP, 2016).

4. Graham H. Twelftree, "Sanhedrin" em *Dictionary of Jesus in the Gospels*, eds. Joel B. Green, Scot McKnight, e I. Howard Marshall (Downers Grove, IL: IVP, 1992), 731.

5. Gary M. Burge, *The New Testament in Antiquity: A Survey of the New Testament within its Cultural Contexts*, Capítulo 3, "The World of Jesus in His Jewish Homeland" (Grand Rapids, MI: Zondervan, 2009), 70.

6. Graham H. Twelfree, "Sanhedrin", 730.

7. Para leitura adicional sobre este ponto, veja: Gary G. Hoag, R. Scott Rodin, e Wesley K. Willmer, *A Escolha: A busca da vontade de Deus para o Ministério* (Publicações Pão Diário: ECFA Press, 2019), 18-21.

8. Aconselhamos os conselhos de administração a adotarem os "Princípios Bíblicos de Mordomia e Captação de Recursos" para orientar os esforços organizacionais e evitar a armadilha da idolatria ao dinheiro. Encontre-os aqui: R. Scott Rodin and Gary G. Hoag, *O Semeador: Redefinindo o Ministério de captação de recursos para o Reino* (Publicações Pão Diário: ECFA Press, 2022), 81-83.

9. Jerome Murphy O'Connor, *St. Paul's Ephesus: Texts and Archaeology* (Collegeville, MN: Liturgical Press, 2008), 34.

10. F. F. Bruce, *New International Commentary on the New Testament: The Book of the Acts*, revisado (Grand Rapids, MI: Eerdmans, 1988), 378.

11. Ben Witherington, III, *The Acts of the Apostles: A Socio-Rhetorical Commentary* (Grand Rapids, MI: Eerdmans, 1998), 439.

12. David A. DeSilva, *An Introduction to the New Testament: Contexts, Methods, and Ministry Formation* (Downers Grove, IL: IVP Academic, 2004), 381-382.

13. Michael Horton, *Redescobrindo o Espírito Santo: A presença santificadora de Deus na criação, na redenção e na vida cotidiana* (Vida Nova, 2017), 142.

14. Charles Joseph Hefele, *A History of the Christian Councils: From the Original Documents to the Close of the Council of Nicea*, A.D. 325 (Edinburgh, Scotland: T&T Clark, 1871), 1-2.

15. John R. W. Stott, *A Mensagem de Atos* (ABU, 1994), 250.

16. Para exemplos que fornecem aplicações práticas no contexto americano veja: Dan Busby e John Pearson, *Lessons from the Church Boardroom* (Winchester, VA: ECFAPress, 2018); Dan Busby e John Pearson, *Lessons from the Nonprofit Boardroom* (Winchester, VA: ECFAPress, 2017); e David L. McKenna, *Call of the Chair: Leading the Board of the Christ-Centered Ministry* (Winchester, VA: ECFAPress, 2017). Veja também *Governance Toolbox Series* da ECFA em: www.ecfa.org/ToolboxSeries.aspx. Acessado em 24 de junho de 2018.

17. Para assistir a um vídeo de dois minutos que descreve "o caminho do Reino" visite: www.thekingdompath.com. Acessado em 18 de junho de 2018.

18. Para ler mais sobre os dois caminhos apresentados nessa tabela veja: Gary G. Hoag, R. Scott Rodin, Wesley K. Willmer, *A Escolha: A busca da vontade de Deus para o Ministério* (Publicações Pão Diário, VA: ECFA Press, 2019), 1-13.

19. Visite www.ecfa.org/Content/Standards para ler "Sete Padrões de Administração Responsável da ECFA™" e comentários associados a cada padrão. Acessado em 24 de junho de 2018.

20. Para exemplos de padrões adotados por grupos de responsabilidade entre pares ao redor do mundo visite: www.afcaa.org (African Council for Accreditation and Accountability, Kenya servindo pan-Africa), www.cccc.org (Canadian Council of Christian Charities), www.ccf.or.kr (Christian Council for Financial Transparency, Korea), www.cctaspace.com (Christian Council for Transparency and Accountability, Philippines), www.cmasc.net.au (Christian Ministry Advancement) Standards Council, Australia), www.efacindia.com (Evangelical

Financial Accountability Council, India).
Acessado em 24 de junho de 2018.

21. Charles Joseph Hefele, *A History of the Christian Councils*, 52-53.

22. Harold M. Daniels, *To God Alone be Glory: The Story and Sources of the Book of Common Worship* (Louisville, KY: Geneva, 2003), 11.

23. John Cassian (C. 360-435) relata em seu *Institutos e conferências* que a prática das horas divinas remonta aos pais do deserto do século III. Para algo mais recente, veja esse útil livro: Phyllis Tickle, *The Divine Hours*, Pocket Edition (Oxford: Oxford University Press, 2007). As horas divinas variam de acordo com as fontes vistas. Sugerimos este horário: *Laudes* ou Oração da Manhã (06:00), *Terça* ou Ofício da Manhã (09:00), *Sexta* ou o Ofício do Meio-dia (12:00), *Nona* ou Oração da Tarde (15:00), *Vésperas* ou Oração do Fim do Dia (18:00), *Completas* ou Oração Noturna (21:00), e *Matinas* ou Noturnos ou Vigílias Noturnas (24:00). Acrescentar as horas divinas ao retiro da diretoria ou a um horário que conduza a uma reunião do conselho com salmos específicos, identificados para cada uma das horas, pode unir os corações da diretoria uns com os outros e com Deus.

24. Richard J. Foster, *Freedom of Simplicity: Finding Harmony in a Complex World* (New York, NY: HarperCollins, 1981), 72.

25. Billy Graham, *O Segredo da Felicidade* (Bompastor, 2018), 36-37.

26. Hudson Taylor in *The Prayer Motivator*, compilado e editado por Daniel Whyte III (Dallas, TX: Torch Legacy, 2010), 91.

27. Adoniram Judson, *The American Baptist Magazine and Missionary Intelligencer*, Vol. 1. (Boston, MA: LLE, 1817), 99.

28. David Bartlett e Paul Campey, *Community Governance: A Framework for Building Healthy Christian Organizations* (Gosford, Australia: Resolve Consulting Group, 2008), 9-10.

29. John Hardouin, *Conciliorum Collectio Regis Maxima* (Paris: P. Labbei et P. Gabrielis Cossarti, 1715), 262, as cited by Charles Joseph Hefele, A History of the Christian Councils, 2

30. Todd Van Luling, *Vincent Van Gogh May Have Hidden "The Last Supper" Within One Of His Most Famous Paintings*, publicado em 6 de março de 2015. Atualizado em 6 de dezembro de 2017. Acessado em 22 de junho de 2018: https://www.hufngtonpost.com /2015/03/06/van-gogh-lastsupper_n_6753294.html.

31. C. S. Lewis, *Cristianismo Puro e Simples* (Thomas Nelson Brasil, 2017), 28.

O Conselho

Os autores

GARY G. HOAG, Ph. D. (Novo Testamento - Trinity College, Bristol, Reino Unido) é um seguidor apaixonado de Jesus Cristo, amplamente conhecido como Monge da Generosidade. Publica meditações diárias e já escreveu ou contribuiu para dez livros. Fala em todo o mundo, trazendo uma perspectiva bíblica para uma ampla gama de tópicos. Oferece conselhos espirituais e estratégicos para igrejas e trabalhadores sem fins lucrativos. Serve como professor visitante em seis seminários, de três países. Em colaboração com a ECFA, ele ajuda os nacionais a defenderem a fiel administração e governança da obra de Deus em todo o mundo. Anteriormente, exerceu funções administrativas na Universidade Biola, Universidade Cristã do Colorado e Seminário de Denver, e ocupou cargos de diretoria em quatro organizações sem fins lucrativos. Atualmente, atua em duas diretorias de ministérios. É casado com Jenni, e têm um filho e uma filha crescidos, Sammy e Sophie.

WESLEY K. WILLMER, Ph. D., diretor, Wes Willmer Group, LLC, está aproximando-se de cinco décadas de serviço com ministérios cristãos. Wes iniciou e dirigiu mais de US$ 1 milhão em bolsas de pesquisa para estudar a liderança sem fins lucrativos. Foi autor, coautor, editor ou editor--chefe de 25 livros e muitos artigos e publicações de revistas especializadas. Ocupou cargos de liderança executiva no Wheaton College (IL), Seattle Pacific University, Prison Fellowship, Biola University, Mission Increase Foundation, Roberts Wesleyan College e ECFA. Seu envolvimento no conselho inclui presidente do conselho da Christian Stewardship Association (CSA), membro fundador da Council for Advancement and Support of Education (CASE), Comissão de Filantropia, vice-presidente do Conselho Evangélico de Responsabilidade Financeira (Christian Leadership Alliance-ECFA), membro fundador e membro do comitê executivo da Christian Leadership Alliance (CLA), e consultor de outros conselhos. É casado com Sharon e são abençoados com três filhos adultos e sete netos.

GREGORY J. HENSON, M.B.A., está profundamente comprometido com a igreja local e com a participação dela no trabalho que Deus está fazendo. Atualmente, serve como Presidente no Sioux Falls Seminary, onde tem trabalhado com sua equipe para desenvolver abordagens revolucionárias de modelos financeiros, educacionais e de governança dentro da educação teológica. Como autor de publicações e palestrante sobre tópicos de educação teológica, inovação, teoria das gerações, teologia missionária e educação baseada em competência, Greg ajuda as pessoas a verem oportunidades únicas que existem dentro dos desafios que encontram. Antes de servir no Sioux Falls Seminary, Greg serviu em funções que vão desde Vice-Presidente de Desenvolvimento Institucional até Pastor Principal, Pastor do Louvor e várias outras. No coração de seu ministério está o desejo de desenvolver servos com espírito de reino para participarem na missão do Reino de Deus. É casado com Heather e têm quatro filhos.